本书受到北京市园林绿化规划和资源监测中心项目“北京市林长制实施情况评估（编号：GJH2022－007）”资助

乡村振兴背景下林下经济发展对农民增收的作用研究

侯方淼　吴　娟　肖　慧　吴成亮
谢　屹　张　洋　赵振利　著

中国财经出版传媒集团
中国财政经济出版社

图书在版编目（CIP）数据

乡村振兴背景下林下经济发展对农民增收的作用研究／侯方淼等著．--北京：中国财政经济出版社，2023.5

ISBN 978-7-5223-2056-4

Ⅰ．①乡…　Ⅱ．①侯…　Ⅲ．①林业经济－作用－农民收入－收入增长－研究－中国　Ⅳ．①F323.8

中国国家版本馆 CIP 数据核字（2023）第 042893 号

策划编辑：刘孺泾　　　　责任印制：张　健
责任编辑：刘孺泾　　　　责任校对：徐艳丽

乡村振兴背景下林下经济发展对农民增收的作用研究
XIANGCUN ZHENXING BEIJINGXIA LINXIA JINGJI FAZHAN DUI NONGMIN ZENGSHOU DE ZUOYONG YANJIU

中国财政经济出版社 出版

URL：http：//www.cfeph.cn
E-mail：cfeph@cfeph.cn

社址：北京市海淀区阜成路甲 28 号　邮政编码：100142
营销中心电话：010-88191522
天猫网店：中国财政经济出版社旗舰店
网址：https：//zgczjjcbs.tmall.com
北京富生印刷厂印刷　各地新华书店经销
成品尺寸：170mm×240mm　16 开　14.25 印张　218 000 字
2023 年 6 月第 1 版　2023 年 6 月北京第 1 次印刷
定价：55.00 元
ISBN 978-7-5223-2056-4
（图书出现印装问题，本社负责调换，电话：010-88190548）
本社质量投诉电话：010-88190744
打击盗版举报热线：010-88191661　QQ：2242791300

前　言

党的十九大提出实施乡村振兴战略，不仅是继中国新农村建设战略后要在农业农村优先发展和着力解决中国“三农”问题的又一重大战略，而且也是解决新时代中国发展不平衡和不充分，尤其是解决城乡发展不平衡和农村发展不充分矛盾的重大举措。要在未来国家现代化进程中真正做到乡村振兴，必须以改革创新的思路，清除阻碍农业农村优先发展和城乡融合发展的体制机制障碍，激发农村各类资源要素的潜能和各类主体的活力，不断为农业农村发展注入新动能。在当前我国全面乡村振兴的背景下，产业振兴是乡村全面振兴的基础和关键。林下经济发展作为我国农村一种重要的经营形式和经济形态有着巨大的发展潜力，对实现我国乡村振兴和共同富裕具有重要的现实意义。

自新一轮集体林权制度改革在全国范围推行以来，林下经济的发展始终是农村经济增长和农民增收致富的新增长点。因此，2014 年原国家林业局制定了《全国集体林地林下经济发展规划纲要（2014—2020 年）》，为我国林下经济的发展指明了方向。2021 年中共中央办公厅、国务院办公厅印发《关于全面推行林长制的意见》，标志着经济社会中林草产业发展总体战略布局的完成。在国家的大力支持下，林下经济得以迅速发展，已成为我国“十四五”时期的重点规划发展产业。“十四五”时期经济社会发展的主要目标之一“聚焦解决发展不平衡不充分问题”，为实现区域均衡协调发展和推动乡村经济高质量发展；“绿水青山就是金山银山”，同时坚持山水林田湖草沙一体化保护和系统治理，我国生态文明制度体系更加健全。林下经济的发展具有促进农民就业与提升农民收入水平的经济特性和建设绿色美丽环境的生态特性，因此，发展林下经济是实现“金山银山”与“绿水青山”双重效益的必要举措，符合当前世界应对气候变化、进行绿色发展的主要趋势，同时也是贯彻我国经济可持续发展理念的重要体现，为“美丽中国”战略的有效落实注入新动能。

林下经济是以林地资源和生态环境为依托，充分利用森林空间，开展林下农、林、牧等多种方式的复合式立体经营，是适应我国林业经济发展阶段的重要模式。在现有阶段，我国丰富的林地资源与多样化的物种资源为林下经济的发展提供了广袤的空间；我国强大的内需市场，为林下经济开发出更深广的经济空间提供了市场保障；不断深化集体林权制度改革的落实，为林下经济发展奠定了稳固的制度基础。在多方面优势条件的共同作用下，到2020年我国已经实现林下经济总产值1.5万亿元。随着林下中药材产业、林下食用菌产业、林下养殖产业、林下采集产业、森林康养产业等的快速发展，“林下种，林中养，林上采，林间游”的高质量新发展格局逐渐形成，并有望进一步实现“林区美、林业兴、林工富”的多赢局面。

发展林下经济是一项兼具社会效益、经济效益与生态效益的关键举措。林下经济“生产周期短，见效快”的产业优势在带动农民增收上取得了显著成果，尤其是林下经济示范基地的经济产出效益对辐射周边农户就业增收具有显著的正向影响。林下经济的高质量发展能够提高林地资源利用效率，通过林下空间的合理规划，可以提高我国种植产品、畜禽产品的产量、质量和供给结构，有效落实供给侧结构改革，实现不同林下产业的优势互补。就林业企业而言，林下经济产业化、规模化、组织化与市场化水平的增加，能够提升企业林产品的供给能力与营收能力，同时降低产品生产成本，为产品附以优质实惠的标签，促使林下经济产品受到国内外市场的一致认可，提升中国在全球农产品市场上的竞争力，进一步扩大出口订单。另外，林下经济有助于提高我国农村生产力水平，加快我国农村经济发展速度，是推进农村现代化发展和农业高质量发展的重要举措。发展林下经济是巩固拓展脱贫攻坚成果的重要途径，是加快培育脱贫地区产业自身发展盈利能力和可持续发展能力的重要举措；有利于当地绿色产业的可持续发展和构建多元化的林业市场结构，为脱贫地区长期稳定巩固脱贫致富成果提供了强有力的支撑。如今的林下经济产业发展劲头充足，经济增长空间较大，潜在生态效益显著，更要扩大林下经济规模、高效发挥其致富增收带动能力、有效利用其产业带动效应与绿色富民效应。

面对我国新发展理念和高质量发展的要求以及全球生态经济的热潮，本书以林下经济在我国的发展为切入点，参阅大量林业产业发展、经济高质量发展与乡村振兴战略等相关文献，借鉴国内外有关林下经济与林业发展模式等领域的理论成果、运行机制及政策建议，探讨了林下经济政策实施与实践的总体发展，合理规划发展方向，注入强劲发展活力，融合高效技术机制，使之适应国家的总体发展战略，推进农村经济高质量发展。本书对林下经济进行了详细研究，对林下经济的内在机理与发展现状典型案例等多个方面进行由内及外的多维度多方位的分析与阐述。全书共7章，探讨了林下经济的研究背景与意义、国内外发展与研究状况，分析了林下经济的理论机制与对农民增收的实际影响、最后总结了影响林下经济发展的因素并提出了相应的政策建议。在本书写作过程中，北京林业大学经济管理学院师生和中国电子信息产业发展研究院赵振利先生共同完成了本书的资料查找和书稿撰写等工作，具体分工如下，第一章由何宇霜、林馨璇、吴成亮撰写，第二章由谢屹、侯方淼、吴娟、王奕平撰写，第三章由吴娟、侯方淼、肖慧、帅冰玥撰写，第四章由肖慧、郭淑慧、赵振利撰写，第五章由解阳、高帅印、成诗怡、肖慧撰写，第六章由李晓怡、张洋、侯方淼撰写，第七章由吴娟、肖慧、林煜国撰写。

本书受到北京市园林绿化规划和资源监测中心项目“北京市林长制实施情况评估（编号：GJH2022－007）”资助，在撰写过程中得到了北京林业大学经济管理学院领导的大力支持，北京林业大学林学院侯智霞教授也提供了大量数据资料，在此表示深深的感谢。同时，本书中借鉴了国内外诸多专家学者的论著和文章，在此一并表示由衷的感谢！由于作者的水平有限，同时林下经济的相关研究处于动态的持续发展中，仍随着实践的发展变更而不断更新丰富，因此其政策也处于调整与完善中，书中难免存在某些不足之处，在此恳请各位同仁、专家学者及广大读者给予批评指正并提出宝贵意见。

作者

2023年1月

目　　录

第一章

绪　论

林下经济是依托于林地资源和生态环境，充分利用森林空间，开展林下农、林、牧等多种形式的复合式立体经营，是适应我国林业经济发展现状的重要模式。在现有阶段，我国丰富的林地资源与多样化的物种资源为林下经济的发展提供了广袤的空间；我国强大的内需市场为林下经济开发出更深的经济空间提供了市场保障；不断深化的集体林权制度改革的落实，为林下经济发展奠定了坚实的制度基础。在国家多方面政策的共同作用下，目前我国林下经济总产值已近万亿元，经济增长空间较大，潜在生态效益显著。但林下经济的发展仍存在例如产业链条融合不够深、供给侧结构不够完善、农户认识不足等一系列问题。为进一步扩大林下经济规模、高效发挥其巩固脱贫攻坚成果和增收能力、有效利用其产业带动效应与绿色富民效应，需要回顾多年来林下经济发展经验，紧密结合林下经济发展现状，加大力度推进林下经济领域的理论研究与实证分析并实现进一步发展提供理论和政策依据。2021 年，林下经济又一次被写入“中央一号文件”，《中共中央 国务院关于全面推进乡村振兴加快农业农村现代化的意见》明确要求，要大力推动木本粮油和林下经济向前发展。同年，中共中央办公厅、国务院办公厅印发的《关于全面推进林长制的意见》，这标志着经济社会中林草产业发展这一总体战略布局的完成。目前林下经济总产值已逼近万亿元，“生产周期短，见效快”的产业优势在带动农民脱贫增收上取得显著成果，林下经济示范基地的经济产出效益显著高于全国普通农地平均经济效益水平。在经济高质量发展阶段，仍需重点科学地发展林下中药材产业、林下食用菌产业、林下养殖产业、林下采集产业、森林康养产业，进而形成“林下种，林中养，林上采，林间游”的高质量新发展格局，林下经济的持续推动也能够实现“林区美、林业兴、林工富”的多赢局面。

一、研究背景

在党的十九大报告中，习近平总书记首次提出“实施乡村振兴战略”，明确指出农业农民问题是关系到国计民生的根本性问题，我们必须始终把解决“三农”问题作为全党工作的重中之重，这是继“精准扶贫战略”之后，关于促进乡村振兴的又一重大战略思考。2018 年“中央一号文件”《中共中央 国务院关于实施乡村振兴战略的意见》明确提出“完善农村承包地权利分置制度”“深化集体林权、水利设施产权等领域改革”。集体林权制度改革是乡村振兴战略的重要组成部分，关系到农民增产增收、农村社会稳定和生态保护等重要问题。

发展林下经济，对于保护森林资源、促进农民就业、实现共同富裕、满足社会需求、拉动经济高发展等都具有重要的意义，特别是在集体林权制度改革和林业发展转型升级的重要时期，其地位显得越来越重要。集体林权制度改革后，作为一种新的森林经营模式，林下经济得到了国家层面的广泛关注。2010 年“中央一号文件”明确提出要“因地制宜发展特色高效农业、林农水产业，挖掘农业内部就业潜力”；2011 年 4 月 29 日，时任中共中央政治局常委，全国人大常务委员会委员长吴邦国在广西考察时指出：“集体林权制度改革后，要因地制宜，培育林下经济等特色林业发展，成为农村经济新的增长点”。2012 年“中央一号文件”明确提出，要“支持木本粮油、林下经济、森林旅游、竹藤等林业产业发展”。2012 年 7 月 22 日，国务院办公厅印发《关于加快发展林下经济的意见》，鼓励各地大力发展以林下种植、林下养殖、相关产品采集加工、森林景观利用为主要内容的林下经济，以此来促进农民增收，巩固集体林权制度改革和生态建设成果，加速林业产业的结构调整。2012 年 9 月，原国家林业局印发《关于贯彻落实国务院办公厅关于加快林下经济发展的意见的通知》，提出要把林下经济发展与森林资源培育和一系列生态建设工程紧密结合起来，从当地的自然资源和市场需求出发，充分发挥农民的主观能动作用。2013 年“中央一号文件”明确指出：“完善良种、植树造林、抚育等林业补贴政策，积极发展林下经济。”2014 年初，原国家林业局制定发布《全国集体林地经济发展规划（2014—2020 年）》纲要，提出力争到 2020 年农民林业经济产值和综合收入实现稳定增长。2017 年，党在十九大报告中重点强调了人与自然之间的关系，认为确保人与自然和谐相处，就必须树立和践行“绿水青山就是金山银山”的思想。“两山”理念是新时代推进美丽乡村建设、实现绿色发展的指导思想。2018 年中央印发的《关于实施乡村振兴战略的意见》提出下一步要把重点放在实施乡村振兴战略上，并强调这一重大战略的根本目标是实现农村人民生活富裕。乡村振兴是新时代我国推进农业农村现代化、解决“三农”问题的重大战略，提出节约优先、保护优先、自然恢复优先的原则，强调以绿色发展为主导，逐步实现乡村振兴。在推进乡村振兴时要注重生态文明建设，坚持绿色发展理念，大力发展乡村旅游等多元化经济，促进林下经济发展。

在2019年国务院印发的《国务院关于推进乡村产业振兴的指导意见》中，要在5到10年内显著提高第一、第二、第三产业融合发展增加值占县域生产总值的比重，乡村产业振兴取得重要进展。农村就业结构改善，农民增收渠道拓宽，产业扶贫作用发挥得更加明显。在推进乡村产业振兴方面，强调做强做大现代种养业，将发展经济林和林下经济作为重要指示；强调进一步优化乡村休闲旅游业，将建设森林人家和康养基地作为重要指示。2019年，按照《国家林业局农业综合开发项目指引2017—2022》和《农业综合开发木本油料及示范项目指引（2018—2020年）》，行政主管部门已下达四个重点林业项目予以支持，其中包括林下经济示范项目，主要目的是提高林地综合经营能力，在不影响树木正常生长的情况下，充分利用林地资源和绿地，发展林药、林木木耳等林下种植产业，提高林地综合效益。文件规定，对于单个项目，中央财政投资规模在200万元（含200万元）以上。2020年国家发展和改革委员会、国家林业和草原局等10部门联合印发《关于科学利用林地资源促进木本粮油和林下经济高质量发展的意见》（发改农经〔2020〕1753号）等文件，从金融、科技、林地资源利用等政策方面对林下经济发展予以大力支持。2019年新修订、2020年实施的《中华人民共和国森林法》明确了森林、林木、林地的所有权和包括国家、集体、个人在内的不同主体的合法权益。明确在满足生态区位保护要求、不影响其生态功能的前提下，通过科学论证，合理利用公益林林地资源和森林景观资源，适度开展林下经济和森林旅游，进一步明确林地经营利用范围，放活林地经营权，为林下经济发展提供更为广阔的空间。

2020年，中共中央印发了《国务院关于巩固和扩大脱贫攻坚和乡村振兴成果的意见》，对发展林下经济也作出了重要指示。《意见》指出要持续推进贫困地区开发和农村全面振兴，把下一步工作重点转向实现农村产业繁荣、生态宜居、乡村文明、治理有效、生活富裕。到2025年，全面推进乡村振兴，农村产业质量、效率和竞争力将进一步提升；到2035年，乡村振兴取得重大进展，农村低收入群众生活条件明显改善，城乡差距进一步缩小，全体人民共同富裕取得更加明显、更加实质性的进展。其中强调要落实特色种植业升级行动，支持贫困地区开展林业、草地基础设施等涉农项目建设和管理，广泛采用以工代赈的方式，逐步调整优化转型时期生态护林员政策。2021年1月4日，《中共中央 国务院关于全面推进乡村振兴加快农业农村现代化的意见》指出要推动木本粮油和林下经济的健康有序发展。2021年6月2日，国务院办公厅在《关于科学绿化的指导意见》中指出，要科学发展特色经济林和果花苗、林下经济富民等绿色产业，推动经济发展和民生改善、实现良性循环。8月，国家林草局、国家发展改革委联合印发《林业和草原保护与发展“十四五”规划纲要》，将林下经济列为林草产业新业态重点项目，要求进一步优化林下经济发展布局，建设一批国家级林下经济示范基地。

2021年10月8日，中共中央、国务院印发《黄河流域生态保护和高质量发展规划纲要》，提出要适度发展经济林和林下经济，以提高生态效益和农民收入。2021年11月，国家林草局印发《全国林下经济发展指南（2021—2025年）》，指出要明确林下经济的产业定位，扩大林下经济发展规模，优化林下经济发展布局，打造更长的林下经济产业链，增加林下经济产品供给，提高森林资源利用水平，实现林草产业高质量发展，为建设美丽乡村、推动生态文明建设推作出新的贡献。《指南》指出，到2030年林地林下经济管理利用面积将达到7亿亩，总产值1.3万亿元。2022年1月26日，国务院印发《关于支持贵州在新时代开辟西部大开发新路子的意见》，指出要实施森林质量精准提升工程，深入开展国家保护林建设工作，加快低效林改造，稳步探索开展人工商品林纯树种优化调整结构试点，大力发展林下经济。2022年2月22日，《中共中央 国务院关于全面推进2022年乡村振兴重点工作的意见》明确指出，要扎实有序推进乡村发展、乡村建设、乡村治理等重点工作。乡村振兴取得新进展，农业农村现代化迈出新步伐。其中强调，要支持扩大油茶种植面积，改造提升低产林；强化现代农业基础支撑，引导新发展林果业上山上坡；深化集体林权制度改革。其中表1－1为我国林下经济发展过程中相关政策文件的代表性观点总结。

表 1－1　　相关政策文件中的代表性观点

来源	具体内容
2010 年“中央一号文件”	因地制宜发展特色高效农业、林下种养业，挖掘农业内部就业潜力。
2012 年“中央一号文件”	支持发展木本粮油、林下经济、森林旅游、竹藤等林产业。
2012 年 7 月 22 日国务院办公厅《关于加快林下经济发展的意见》	鼓励各地区大力发展以林下种植、林下养殖、相关产品采集加工和森林景观利用等为主要内容的林下经济，进而增加农民收入、巩固集体林权制度改革和生态建设成果、加快林业产业结构调整步伐。
2012 年 9 月国家林业局发布《关于贯彻落实〈国务院办公厅关于加快林下经济发展的意见〉的通知》	林下经济发展与森林资源培育及一系列生态建设工程紧密结合，根据当地自然条件和市场需求等情况，充分发挥农民主体作用。
2013 年“中央一号文件”	完善林木良种、造林、森林抚育等林业补贴政策，积极发展林下经济。
2014 年初国家林业局制定发布《全国集体林地林下经济发展规划纲要（2014—2020 年）》	力争到 2020 年实现林下经济产值和农民林业综合收入稳定增长。
2017 年党的十九大报告	人与自然的关系，认为要确保人与自然和谐共存，必须树立和践行“绿水青山就是金山银山”的理念，“两山”理念是新时代推进美丽乡村建设、实现绿色发展的指导思想。
2018 年中央发布《关于实施乡村振兴战略的意见》	下一步要重点实施乡村振兴战略，并强调这一重大战略的根本目标是要实现农村人民生活富裕，乡村振兴是新时代我国推进农业农村现代化的重大战略，提出了节约优先、保护优先、自然恢复为主的方针，强调以绿色发展为引领，逐步实现乡村振兴。在推进乡村振兴中要注重生态文明建设，坚持绿色发展理念，开发乡村旅游经济，促进林下经济发展。
2019 年国务院发布《国务院关于促进乡村产业振兴的指导意见》	力争用 5～10 年时间，农村第一、第二、第三产业融合发展增加值占县域生产总值的比重实现较大幅度提高，乡村产业振兴取得重要进展。乡村就业结构更加优化，农民增收渠道持续拓宽，产业扶贫作用进一步凸显。在推进乡村产业振兴中，强调做强现代种养业，其中将发展经济林和林下经济作为重要指示；强调优化乡村休闲旅游业，其中将建设森林人家和康养基地作为重要指示。

续表

来源	具体内容
2019 年《国家林业局农业综合开发项目指引（2017—2022）》《农业综合开发木本油料及示范项目指引（2018—2020 年）》	管理部门又下发了 4 项重点扶持的林业项目，其中包括林下经济示范项目，主要目的在于提升林地复合经营能力，并且在不影响林木正常生长情况下，充分利用林地资源和林荫空间，发展林药、林菌等林下种植业，提高林地综合效益。文件中规定对于单个项目，中央财政资金投入规模 200 万元以上（含 200 万元）。
2020 年发布的《中共中央　国务院关于实现巩固拓展脱贫攻坚成果同乡村振兴有效衔接的意见》	指出要接续推动脱贫地区发展和乡村全面振兴，将下一步的重点转向实现乡村产业兴旺、生态宜居、乡风文明、治理有效、生活富裕。到 2025 年，乡村振兴全面推进，乡村产业质量效益和竞争力进一步提高；到 2035 年，乡村振兴取得重大进展，农村低收入人口生活水平显著提高，城乡差距进一步缩小，在促进全体人民共同富裕上取得更为明显的实质性进展。其中强调，要实施特色种养业提升行动，要支持脱贫地区在林业草原基础设施等涉农项目建设和管护时广泛采取以工代赈方式，要在过渡期内逐步调整优化生态护林员政策。
2020 年国家发展和改革委员会、国家林业和草原局等 10 部门联合印发《关于科学利用林地资源促进木本粮油和林下经济高质量发展的意见》（发改农经〔2020〕1753 号）	从金融、科技、林地资源利用等政策方面对林下经济发展予以大力支持。
2019 年新修订、2020 年实施的《中华人民共和国森林法》	明确了森林、林木、林地的权属及国家、集体和个人等不同主体的合法权益。明确在符合生态区位保护要求和不影响其生态功能的前提下，经过科学论证，可以合理利用公益林林地资源和森林景观资源，适度开展林下经济、森林旅游，进一步明确了林地经营利用范围，放活了林地经营权，为林下经济的发展提供了空间。
2021 年 1 月 4 日，《中共中央　国务院关于全面推进乡村振兴加快农业农村现代化的意见》	要促进木本粮油和林下经济发展。
2021 年 2 月 23 日，中央发布《关于加快推进乡村人才振兴的意见》	坚持农业农村优先发展，坚持把乡村人力资本开发放在首要位置，大力培养本土人才，引导城市人才下乡，推动专业人才服务乡村，为全面推进乡村振兴、加快农业农村现代化提供有力人才支撑。其中强调，要深入实施卓越农林人才教育培养计划，加快培养拔尖创新型、复合应用型、实用技能型农林人才。

续表

来源	具体内容
2021 年 6 月 2 日，《国务院办公厅关于科学绿化的指导意见》	要科学发展特色经济林果、花卉苗木、林下经济等绿色富民产业，实现经济发展和民生改善良性循环。
2021 年 8 月，国家林草局、国家发展改革委联合发布《“十四五”林业草原保护发展规划纲要》	将林下经济列入林草产业新业态重点项目，要求优化林下经济发展布局，建设一批国家林下经济示范基地。
2021 年 10 月 8 日，中共中央、国务院印发《黄河流域生态保护和高质量发展规划纲要》	适度发展经济林和林下经济，提高生态效益和农民收益。
2021 年 11 月，国家林草局发布《全国林下经济发展指南（2021—2025 年）》	明确林下经济产业定位，扩大林下经济发展规模，优化林下经济发展布局，延伸林下经济产业链条，增加林下经济产品供给，提高森林资源利用水平，实现林草产业高质量发展，为助力健康中国和乡村振兴战略、推进生态文明和美丽中国建设作出新的贡献。《指南》提出，到 2030 年，全国林下经济经营和利用林地总面积达到 7 亿亩，实现林下经济总产值 1.3 万亿元。
2022 年 1 月 26 日，国务院印发《关于支持贵州在新时代西部大开发上闯新路的意见》	实施森林质量精准提升工程，深入开展国家储备林建设，加快低效林改造，稳妥探索开展人工商品纯林树种结构优化调整试点，大力发展林下经济。
2022 年 2 月 22 日，发布《中共中央 国务院关于做好 2022 年全面推进乡村振兴重点工作的意见》	要扎实有序做好乡村发展、乡村建设、乡村治理重点工作，推动乡村振兴取得新进展、农业农村现代化迈出新步伐。其中强调，要支持扩大油茶种植面积，改造提升低产林；强化现代农业基础支撑，引导新发展林果业上山上坡；深化集体林权制度改革。
2022 年 4 月，国家林业和草原局发布关于科学利用林地资源促进木本粮油和林下经济高质量发展的意见	进一步优化资源管理制度供给，科学规划木本粮油和林下经济产业布局，切实加大政策引导力度，全面推动产业高质量发展，实现木本粮油和林下经济产量、质量稳步提高，供给结构、产业链条全面优化，市场竞争力、资源综合效益大幅提升，进一步拓宽食物来源渠道，促进增强国家粮食安全保障能力。

此外，各省市还根据自身区域特点出台了林下经济发展指导意见，一系列的政策促进了林下经济的发展。2021 年 7 月，贵州省委、省政府联合印发《关于加快森林经济高质量发展的意见》，要求重点“做大规模、优化品种、调整结构、提高质量、做大品牌、做大市场”，着力构建林下的特色产业体

系、生产经营体系、科技服务体系、基础支撑体系和政策保障体系，提高林下经济发展的专业化、精细化、系统化、市场化和高效化水平。2021 年 7 月，广西壮族自治区发展和改革委员会、财政厅、住房和城乡建设厅、农业农村厅联合印发《广西乡村振兴产业发展基础设施公共服务能力提升三年攻坚行动方案 2021 年实施计划》，林下经济产业首次被纳入自治区乡村振兴重点产业，并且获得乡村振兴补助 2000 万元。2021 年 7 月，江西省人民政府印发《关于加快建立健全绿色低碳循环经济体系若干措施》的通知，注重茶叶、中药、油茶、富硒农业等特色产业，发展竹林、香精香料、苗木花卉、森林旅游休闲等林下经济，促进第一、第二、第三产业融合发展。2021 年 10 月，中共福建省委全面深化改革委员会印发《关于深化集体林权制度改革促进林业高质量发展的意见》通知，大力发展绿色产业。坚持第一、第二、第三产业融合发展，省林业专项资金每年安排不少于 2 亿元，支持竹业、林下经济、生态旅游、花苗等绿色产业发展，文化旅游融合专项也支持生态旅游。2022 年 5 月，浙江省发展改革委、省林业局等 12 个部门联合印发《关于科学利用林地资源促进木本粮油和林下经济高质量发展的实施意见》。黑龙江省林草局发布《黑龙江省林下经济发展规划（2021—2035 年）》，结合黑龙江省不同地理位置的资源禀赋和产业发展基础，提出到 2025 年进一步优化林下经济和产业布局，使森林的经济产品价值最大化。到 2035 年，形成以林求食的良好格局，推动林下经济产业高质量发展，基本形成“林下种植、林中饲养、林上采矿、林间旅游”的发展新格局。

2011 年以来，中国林下经济呈现快速增长态势，国家林业和草原局数据显示，全国林业经济总产值从 2011 年的 3.06 万亿元增加到 2019 年的 9.56 万亿元，其中 15 个省份的产值超过 100 亿元，产值超过 500 亿元的省份有 9 个，江西、广西的林下经济产值甚至超过千亿元。2021 年 4 月，江西省林下经济总规模超过 3900 万亩，林下经济产值超过 2000 亿元。2021 年，广西林下经济开发面积将达到 6830 万亩，大大超过全区耕地面积，产值将超过 1300 亿元。经济用材林和经济用材林亩增收 1900 余元，1400 多万亩林农受益。贵州省森林下经济利用面积从 2018 年的 1814 万亩增加到 2020 年的 2203 万亩，增长 21.4%。林下经济产值从 2018 年的 161 亿元增长到 2020 年的 400 亿元，增长 1.5 倍，亩均产值翻了一番。林下经济产业已成为山区经济发展的优势产业、种植结构调整的特色产业、促进乡村振兴的支柱产业和大众创业的新兴产业。此外，全国林下经济管理利用林地面积 6 亿多亩，各类经营者 90 多万户，从业人员 3400 多万人，国家林下经济示范基地总数达到 649 个，成为变绿水青山为金山银山的有效途径。林下经济具有很强的发展潜力，它实现了生态林业和经济林业的有机结合，将成为今后我国林业生态建设和发展的重点。通过林下经济，挖掘农村经济新增长点，拓宽农民就业创业和增收渠道，促进农村扶贫开发，让广大农民群众短期和长期受益林，同时保护林业生态，巩固植树造林绿化成果，促进林业可持续发展。

二、研究意义

实施乡村振兴战略，是解决中国城乡发展不平衡的重要途径。乡村振兴战略引领国家现代化进程中未来农业农村发展，就是要解决发展不平衡不充分问题、满足人民日益增长的美好生活需要。近年来，农村劳动力外流、产业衰落、文化不兴、村庄空心化和生态环境恶化等诸多问题日益严重，乡村发展正在逐步走向衰败。如何建设农村，如何发展农村，如何缩小城乡差距，已经成为一个无法逾越的现实问题。实施乡村振兴战略，是从根本上解决“三农”问题的现实选择。进入 21 世纪以来，在党中央的统一部署和国家各项强农惠农富农政策的支持下，中国的“三农”工作有了长足发展，城乡关系正在朝向良性互动的方向发展。然而，中国的农业竞争力不强、农村发展滞后、农民收入水平低的状况还没有得到根本性的改变，局部地区仍存在着“农业弱、农村穷、农民苦”的现实问题。乡村振兴战略的实施，突破了以往围绕城市需求制定农业政策、确定农村发展战略的思路，让农村不再是城市的附属、农业也不再从属于工业，这为破解“三农”问题创造了基本的制度背景。全面建成小康社会、全面建成社会主义现代化国家的奋斗目标，决定了乡村振兴战略必须实施。

党的十九大报告明确提出了到 2050 年中国建成现代化强国的战略目标。

理论和现实都表明，现代化强国的标志是国家发展的各项指标都处于世界领先水平，容不得半点短板。一方面，中国作为一个大国，应该重视农业和农民问题。如果我们不能在未来稳定的城镇化阶段解决好亿万农村人口的现代化问题，整个国家的现代化就难以实现。另一方面，现代城市生活离不开农村的支持，仅从提高生活质量、升级农产品消费的角度来看，必须要有一个与之相匹配、高度发达的乡村，否则城镇的发展是不可持续的。因此，中国的现代化强国目标不能缺少农业农村现代化，而农业农村现代化需要通过乡村振兴战略来实现。乡村振兴战略充分顺应了农民对美好生活的向往，深刻体现了实现强国梦的必然要求。

林下经济是我国林业建设新时期的重点，也是发展绿色经济在林业产业的主要模式。习近平总书记在《之江新语》一书中提到“如果把生态环境优势转化为生态农业、生态工业、生态旅游等生态经济的优势，那么绿水青山也就变成了金山银山”。林下经济就是利用林地特有的环境和生态资源作为生产基础的可持续发展模式，将生态环境的巨大优势转化为实际的经济效益。2017 年中华人民共和国全国人民代表大会和中国人民政治协商会议第二十届全国委员会第五次会议中，环境保护成为热点，会议中提出要用“六大板块引领绿色约会”，加强我国生态环境建设，进一步防治土壤、水以及大气污染，启动森林质量提升工程，实现退耕还林还草 1200 万亩以上，积累生态财富。生态建设的推进必然会对林区传统的生产模式带来挑战，因而发展林下经济，促进林区产业的转型升级是平衡生态环境效益与经济效益的关键。2018 年，新世纪以来第 15 个《中共中央国务院关于实施乡村振兴战略的意见》对“三农”工作进行了指导，实施乡村振兴战略作出全面部署。在乡村振兴的战略背景下，发展林下经济具有重要的作用，既可以提高农村资源的利用率，又可以增加农村的经济来源，提高农民的经济效益。2019 年国务院关于推进农村工业振兴的指导意见中指出，工业繁荣是乡村振兴的重要基础，是解决农村一切问题的前提。发展经济林和林下经济，可以突出农村产业优势和特色，培育和壮大农村产业，从而促进农业发展、农村富农。2020 年，《中共中央、国务院关于做好“三农”领域重点工作、确保全面实现小康社会的意见》指出，必须补齐“三农”领域突出短板，抓好农村重点改革任务。

继续加快推进集体林权制度和发展林下经济，有利于把握农村改革的重点任务，推动林业高质量发展。

2022 年国务院印发关于“十四五”规划推进农业和农村现代化的通知，必须立足农业产业特点。资源禀赋差异在不同地区中体现很大，因此要因地制宜发展特色优势产业。发展林下经济可以以生态建设为目标，促进农村经济的发展，促进农村现代化的实现。在《党中央国务院关于 2022 年全面推进乡村振兴重点工作的意见》指出，认为必须紧紧围绕国家重大战略需要，稳定农业基础市场，扎实做好“三农”工作，继续全面推进乡村振兴，稳定农业生产、稳定农民增收、稳定农村。改造升级低产林，引导林果产业上山新发展，发展林下经济，可以夯实现代农业的基础支撑，推动乡村振兴取得新进展，迈出农业农村现代化新步伐。研究林下经济发展过程中对促进农民增收的意义如下所述。

（一）理论意义

在研究视角上，首先以较为宏观的角度对国内外林下经济发展情况进行分析，同时从具体层面对典型地区农民与林下经济的结合情况进行研究，能够充分避免因各地区要素禀赋不同所得出的指向性较为明显的分析成果。在研究方法上，对林下经济促进农民增收进行了大量实证与案例分析，且所选实证分析的变量较为全面，所选案例参考价值较高，所得评价具有较强的时效性。在理论研究机制上，对林下经济作用农民增收的理论基础与路径机理进行深入研究并科学呈现，丰富了林下经济对农民增收促进作用的研究，为后续推动乡村振兴和林下经济的发展提供一些借鉴和参考，具有较强的理论意义。

（二）现实意义

林下经济发展潜力巨大，是促进林农增收的有力抓手，但部分地区林户依靠林下经济得以创收的效果并不明显，增收成效并不乐观，并且林下经济发展仍存在一系列不足，如基础设施投入资金额度较少、技术支撑薄弱、林农获取信息渠道受限等因素同样制约着林农收入水平的提高，因此应深入研究林下经济的发展模式、作用机制、影响因素等，为推动林下经济发展、带动林农增收进而实现乡村振兴战略提供具有参考价值的研究支撑。

在乡村振兴、共同富裕的发展背景下，为进一步提高全国林下产业的投入产出效率、推动林下经济高质量发展、实现林农增收，需要不断对林下经济的各方面机制进行研究调整，优化林下经济的发展模式显得更为迫切，使林农能够充分依托林下经济产业实现乡村经济的增长，助推林下经济发展目标得以完成。因此林下经济对农民增收作用的研究对增加我国农民就业机会和收入、推进林业结构调整和巩固生态建设成果、加快现代林业产业发展，助推乡村振兴具有重要的现实意义。

1. 有利于促进农民增收与实现共同富裕

农民最大的问题之一是增收问题。传统的工业增长方式把生态保护与经济增长对立起来，通过破坏生态和高碳排放实现粗放型增长。这种增长极具破坏性，也是不可持续的。在当前我国生态文明建设、绿色低碳发展形势下，更加强调绿色增长、绿色就业、绿色致富、绿色城镇化。近年来，林下经济的发展引起了人们的广泛关注。在森林资源依托下，选择那些适合森林资源利用的种植养殖形式，从而实现生态、经济、社会协调发展的资源节约型循环经济。同时，林下经济为返乡农民提供了绿色就业平台，帮助解决当地的剩余劳动力的就业困境，为繁荣农村经济做出贡献，实现农村劳动力的高质量转化。因此，发展林下经济有助于我国农民增加就业机会和收入、加快林业结构调整和巩固生态建设成果；同时对于加快发展现代林业产业，繁荣农村经济，增加林农收入，林下经济也具有不可替代的作用。

林业内涵不断丰富，林业产业外延互补趋势明显，中国林业产业进入新的发展阶段，林业已成为推动乡村振兴的重要力量（姜喜林等，2018）。发展林下经济可以巩固生态建设成果，促进地方经济发展，实现惠民富民的良好社会效益。

2. 有利于实现环境资源向经济效益的合理转化

近年来，由于新冠疫情冲击等原因，中国经济发展增速趋缓，单单依靠需求拉动经济增长，效果并不明显。在经济结构调整过程中，要实现资源的合理配置，就必须充分发挥劳动力、土地、资本、创新等生产要素在推动经济增长中的作用（龚刚，2016）。

林下经济是朝阳产业，是最具成长性的产业，特别是林业产业与康养产业的融合发展，以及与信息技术的融合发展，为林业第三产业展现了广阔的发展空间。2020 年林产品电子商务零售交易额近 1 万亿元，中国的这一行业将在森林康养的兴起和老龄化社会的到来中达到黄金发展期。康养产业作为大健康服务业中的新兴产业，对促进经济发展具有巨大潜力，它是连接着人民福祉和经济社会发展的纽带，正在成为我国又一个新兴的战略支柱产业。

3. 有利于林业产业的良性发展

林下经济作为我国林业发展过程中的产物，其产业化、市场化、生态化等方面还存在许多问题，深入了解林下经济经营主体的构成以及其资金状况、知识技术，研究不同地区的发展模式选择与资源禀赋之间的关系，分析政府扶持政策对林下经济发展的影响对于提高林业产业发展水平具有重要意义。本书聚焦目前我国部分地区林下经济发展的问题，总结实现林下经济绿色生态发展的基本规律能够在很大程度上推动生态环境优势向经济效益的转化，同时维持两者之间的平衡与发展。

中国农耕实践证明，科学利用森林资源，林下套种粮食作物和经济作物，可以实现资源共享、优势互补、循环联动发展。发展林下经济，对于缩短林业经济周期，增加林业附加值，促进林业可持续发展，开辟和拓宽农民增收渠道，巩固生态建设成果，具有重要意义。

林下经济发展的最大优势是我国拥有丰富的林下空间。林下空间可以实现资源的高效利用，其中蕴藏着的丰富资源同时将养殖业和种植业在生产上相互交叉，不仅可以在很大程度上增加林区产量，提升综合效益，使单一的林地资源向林业综合资源利用转变，也能有效带动林区经济发展，充分利用林下资源，实现经济效益最大化。为了提高林区农作物的多样性，在林业经济发展过程中高效利用闲置空间资源，提高森林和林地利用率，符合生态可持续发展的基本要求。

完善林下经济产业链。利用好林区自然资源禀赋，定位高端市场，调整林下经济产品比重，加强林下高端有机产品的研发，推动林下经济从简单基础的产品生产向精深加工、仓储、物流、销售等环节发展延伸，可形成完整的林下经济产业链，提升产品价值、拓宽收入渠道、提高林下经济产品附加值。实现区域产业转型，有效促进周边各类产业共同发展。

第二章

国内外研究进展

一、国外研究进展

国外在目前多使用的概念有农林复合经营、社会林业和混农林业等，而对于林下经济应用程度不高（姜国清，2012）。根据国际农林复合研究理事会（ICRAF）的定义：农林复合经营（Agroforestry）是一个可持续的土地管理系统。在相同的土地单元中，同时进行作物（包括树木作物）、森林植物、动物的生产，并应用与当地文化习俗相一致的管理做法，以此来提高土地的总产量（King and Chandler，1978）。国外对农林复合经营和林下经济的研究，主要集中在农林复合经营的结构和功能、效益及影响农林业复合经营实践的因素等几个方面。

（一）农林复合经营的模式研究进展

农林复合经营模式就是研究其系统内的各部分及各部分之间的内在联系以及经营过程中体现出来的、被人们所认可的共同规范。这是一个有多重组成成分、功能性强、经营目标广泛、综合度高的经营体系。国外学者也归纳出了几种具体模式。轮作系统和间作系统是在 1981 年 Vergara 就根据林、农、牧等的时空序列以及组成占比不同而进行的农林复合系分类，将农林复合经营模式依照其经营对象和运营方式进行归类，分为四个大系统：农林、林牧、农林牧和其他系统，农林系统主要是指林下作物轮流耕种、农林间作、休闲旅游、林下种植、森林休憩等模式；林牧系统主要是指林下放牧、林下养殖等模式；农林牧系统主要是指农林和林牧系统共同组成的一种综合系统——森林家庭的庭院养殖、多功能绿篱等模式；其他系统主要是指养殖蜜蜂林、生态林业、湿地林业等模式。Mckillop（1996）研究的农林复合经营系统时，主要研究了森林中的生产性木材与农业相结合时的溢出效应。

Freezailah（1998）通过系统调研发现，林下养鸡的收益要高于单纯的养殖场养鸡的收益，故得出林业和牧业的复合经营是有成效的。Arnold（2001）农林复合经营模式，如混合树花园、间歇森林或丛林花园等，对于维护生态系统的平衡具有重要的意义。农林复合经营系统，在当地的生物物种多样性和生态文明建设方面发挥着重要的作用。

（二）农林复合经营的效益

农林复合经营的效益研究归纳起来主要分为经济效益、社会效益和生态效益三个部分。许多国外学者着重研究森林旅游的效益。从经济效益的角度看，Borrie、McCool 和 Stankey（1999）对伯利兹的狒狒保护区和马来群岛的基纳巴卢山森林公园的经济辐射作用进行了分析，研究显示森林旅游的开发，会增加当地居民的收入，这会激励当地居民对于保护森林的积极性；从社会效益的角度看，Masberg（1999）强调了森林旅游应该在资源保护的基础上，重视周边社区的经济增收。Venkatachalara（2004）依据经济学相关方法，对森林旅游资源的游憩价值进行了评估。国内学者对森林旅游社会效益的研究主要集中在社会效益评价的内涵与特点、评价的理论基础、评价的主要方法等三个方面；从生态效益的角度看，学者们关于森林旅游对生态效益的影响有不同的看法。Stankey（2006）认为对森林旅游的容量进行了分析，并指出要防止森林旅游行为使环境遭受破坏。Canestrelli、Paola Costa（1991）和 Buckley（1990）从生态学角度对森林旅游的森林承载游客最大容量进行了界定。

还有很多研究将三个效益综合起来进行统一评价，国外对于旅游资源综合效益的评价主要集中在：旅游资源游憩价值评估，森林保护与开发的平衡点两个方面研究。Zhou（1997）从森林旅游的经济学角度进行综合评价，例如森林旅游带来的经济效益、生态和社会效益。Gursoy（2003）结合森林旅游旅客心理、市场行为的相关分析，分析且评价森林旅游效益。

（三）农林复合经营发展措施综述

国外的学者更多从实践的角度出发，侧重于研究实践过程，因此系统研究发展措施的文献并不多。印度东北科技研究所指出，传统农、林业发展需要在技术指导下进行内容的转换更新，而这个过程中，除技术支撑外，还需要在资金、管理上提供支持，同时要注重保护生态，促进参与者增收来保证其参与积极性。Tickin（2004）研究显示，社区与当地的农业企业、林业企业以及工业企业都有广泛的合作，积极拓展思路，既保护了生态环境又创造了经济效益，还满足了社会需求，促进了当地农、林、工业的可持续发展。Marcia（2004）研究一家企业的农林复合经营项目，发现当项目朝良性趋势发展时，可以形成大农业生产区，在这个大区域里，农民分散经营和企业的集约调控完美结合，企业和农民的利益都在不断增加的同时，土地利用率也在逐步上升。Rosenquist（2007）研究农林复合经营系统中的公共关系和私营关系，并指出需要建立包括全部利益相关者在内的机构，全部参与者的利益保持一致的情况下，该产业发展才能得到长久发展。Stryamets（2012）研究农林复合经营开展过程中涉及的主体行为时发现，政府要通过宣传、引导、教育等方式，让参与主体懂得森林资源存在的重要意义以及为之带来的客观收益，从而保证林业可持续发展。

二、国内研究进展

（一）林下经济概念的本土化研究

林下经济的概念源于西方农林复合经营以及循环经济的基本思想。农林复合经营强调的是生产上的联合以提高效率，其产生的基础就是土地用途的混合，根本目的就是要达到土地总生产能力的最大化并保持其持续性。农林复合所体现的生态发展思想与我国的可持续发展理念在本质上是一致的。将农林复合思想融入林业经营会进一步促进林下经济发展从而推动我国林业产业转型。

关于林下经济的基本概念的研究有许多不同的视角和方式。翟明普（2011）、张东升和于小飞（2011）和占金刚（2014）研究认为，林下经济在借助森林生态环境和生态系统的同时要选择适合动植物生长的环境，这是一种复合生态体系，这种生态系统的目的在于充分利用林间空地，它依赖多种如生物多样性原理、生态位原理、生态容量原理和生态系统原理等以及生态经济学中的生态经济复合系统原理、循环经济原理、森林多功能经营原理等，强调的是人类在不损耗自然资源的前提下对其进行生态利用，并通过高效的生产组合，同时实现经济效益的最大化。王宗星和冯博杰（2013）等从生产模式、产业结构以及管理服务三个方面分析林下经济的立体性、复杂性、广泛性。张光元（2013）对林下经济进行总结，得出其为一种依托于林地或林冠进行的生态农业模式。而林下经济的优势资源则被认为是由自然条件、土地资源以及林荫空间共同决定的而陈波、李雄光（2013）和高兆蔚（2012）强调了林下经济对绿色增长的重要贡献并将主要的产业内容固定在特定的森林资源上。谢德斌和杨洋（2013）把林下经济总结为利用特有的森林资源和林下环境发展种植和养殖以达到循环经济。吴蒙（2012）认为林下经济的发展目的是实现林地生物多样性以及林地生态系统的平衡，科学技术是发展的关键。朱培林和房海灵（2014）总结了目前主流的林下经济的定义，并认为将森林旅游作为林下经济发展的一个主要方面。目前，关于林下经济的基本概念的研究日趋完善，林下经济的主要产业、资源优势、发展特色以及发展目标等内容在学术领域已经逐渐达成共识。

林下经济在我国的产生、传播以及应用有是一个循序渐进的过程。李娅和陈波（2013）从产生原因角度将我国林下经济的发展分为初步发展、转型发展、探索发展和全面发展四个阶段，提出林下经济发展的根本原因在于我国林地建设的生态工程以及集体林权改革制度改革。缪灵芝和李显华（2012）着重强调了集体林权制度改革在林下经济发展过程中的作用。林业产值低下、经营周期长、利润不稳定等因素导致林业发展缓慢，而林下经济发展解决了林农增产增收的问题，这也是林下经济在我国能够全面发展的原因。青艳等（2012）等从林下经济研究状况的角度将林下经济发展分为启蒙阶段、初期发展阶段以及快速发展阶段，并强调发展思想的转变是林下经济得到重视的根源。林红平等（2017）和王紫恒等（2019）认为随着中国集体林权制度改革、退耕还林工程的实施和天然林全面商业禁伐，林业经营逐渐转向以森林资源为依托的可持续经营模式，林下经济是其中的典型模式。沈宁和徐秀英（2020）、张旭锐和高建中（2020）认为，无论林下经济发展阶段如何划分，林下经济都已经逐渐成为林区经济发展的支柱和林农收入的重要来源。在森林资源丰富的山区乡村，林业生产经营活动是当地农户的重要生计来源之一。

（二）林下经济与农民增收的研究

一些学者认为发展林下经济既可实现生态保护又能增加农民收入。沈宁和徐秀英（2020）、张旭锐和高建中（2020）认为生态保护区域与贫困落后地区在空间上高度重叠带来的矛盾冲突问题，在许多国家尤其是发展中国家愈发严重。在森林资源丰富的山区乡村，林业生产经营活动是当地农户的重要生计来源之一，随着生态环境的恶化与自然资源的过度消耗，传统生产经营方式的弊端逐渐显现，促进山区乡村的绿色发展已然成为当前亟待解决的重要问题。王昌海（2014）、王振海等（2019）从长远发展的视角出发，认为森林生态系统效益发挥和农户生计可持续发展具有一致性，保护与发展的矛盾可以在采取正确的措施后得到一定程度的缓解，并通过生态保护的综合效益共享来实现生态保护与社区发展的双赢。林红平等（2017）和王紫恒等（2019）认为，随着中国集体林权制度改革、退耕还林工程的实施和天然林全面商业禁伐，林业经营逐渐转向以森林资源为依托的可持续经营模式，林下经济是其中的典型模式。发展林下经济对于促进森林多功能利用、提升生态保护效果、实现乡村振兴与农户绿色生计转型有着重要意义，国内外学者对此进行了大量的研究。

许多学者从各个视角对林下经济会有效增加农民收入的问题上做出了研究。一是林下养殖在增加农民收入方面的理论研究。如由于低廉的土地价格，进而选择边远山区进行林下养殖，而饲料在林下养殖中花费占比巨大。王明章（2013）、邱晓明（2011）、王焕良等（2011）提出，土地利用效率的提高可以通过林下种植，即充分利用林地空间。于小飞与张东升（2011）、李金海（2008）等提出，生态位分离现象是林下经济的经常现象，由于生长周期不同，在光照、水分及其他资源利用上也不同，林下种植的前提是充分利用林地空间，以时间为中心进行科学分配，森林生态系统能量循环可以得到相应改善，进而提高林地产出和增加农民收入。姚海琴（2016）、贺爱琳（2014）等人认为，森林景观得以让农民充分利用剩余劳动时间，进而能够有效地促进就业。森林旅游的季节性特征决定了农民可充分利用余下的劳动时间进行农副特产的销售和交通服务的旅游。叶红权（2012）、曹红梅（2010）、陈际瓦（2011）、李茂兰（2010）等人认为，充分利用林下资源可以增加农副产品的品种与数量，调整农村产业结构；实现种植业、“养殖业”、加工业等产业链的延伸和农村劳动力就业机会的增加。林梅（2014）、郭兰香（2012）、彭斌（2014）提出林下经济有助于农户收益实现长期与短期结合，发展林下经济，吸引了大批社会资本投入林业，帮助农民实现就业和收入的双增加。刘文安、鲁桂花等（2008）指出，林下养殖经营主体多元化扩大了林业投入渠道，实现全体社会共建林业，还可以让社会各界通过对林业的投入，共享林业所产生的利益，既满足了国家发展需要，又可增加农民收入。何林荣、陈连荣等（2011）通过调查问卷、数据分析等方式对浙江省武义县的林下经济进行研究，认为武义县的林下经济模式形态多样，其中收购大户、“合作社＋农户”模式的经营面积占该县林下经济发展面积的90%以上，年均收益多，促农增收效果显著。崔明杰、王玉华等（2012）以山东省商河县为案例，简要分析了该县林兔、林畜、林禽、林菌、林药、林狐等模式的经济效益、生态效益和社会效益。

（三）林下经济发展与生态政策和工程

广大学者们认为林下经济的快速发展离不开生态政策和工程的支持。杨忠兴等（2008）、石舜芝（2018）认为农户在退耕还林工程中，大多种植经济林，并且存在多样化的林下经济活动，而退耕还林工程需要林下经济发展以此获得更好地巩固，一是可以取得显著生态效应，二是促进了农户获得长远的经济效益的提升和积极性的提高，带动了地方经济发展。支玲等（2019）认为，随着集体林权制度改革的深入推进，各地区随着集体林权制度改革的深入推进，因地制宜，出台一系列政策鼓励和支持以经济林和林下经济为主的林业特色产业，作为改革的重要成果，激发了农户的生产积极性。秦静等（2007）、黄艳葵（2016）、韩锋等（2019）和毕兴等（2020）认为，自然保护地范围内及周边的森林资源具有极其重要的社会效益和生态效益，在这一地区发展林下经济，不仅满足了农户生活生计的需要，还作为重要的生态产品流入市场，成为农户的重要经济来源之一。吴伟光等（2001）认为通过发展森林生态旅游的门票、旅游等，创新了自然保护区内资源利用方式，增加了日常保护和管理费用。韩永伟等（2008）、赵连勋（2016）和吴群芳等（2018）认为发展林下经济拓宽了融资途径并带动相关产业发展，增加财政税收收入。韩锋等（2015）、徐荣林等（2017）、邱守明等（2017）和马奔等（2017）认为发展林下经济增加了当地社区居民的家庭收入及就业机会，并通过环境宣教增强了社区居民的生态环境保护和物种保护的意识，减少了对自然资源的粗放式利用。汪成和高红贵（2017）认为实现林下经济长远健康发展，需要有良好的生态安全作支撑。韩永伟等（2008）提出提高当地区域的生态环境质量的客观要求。通过提供优质的生态产品，生态效益转化为经济效益后，不断增强的经济实力将成为进一步改善生态环境的动力，生态功能与经济功能的相互转化从而得以实现。

（四）林下经济发展模式研究

诸多学者研究表明，林下经济发展模式主要的 3 种类型为林下种植、森林景观、林下养殖。从具体发展实践来看，朱玲等（2015）和唐夫凯等（2016）认为，从具体发展实践来看，各地区由于光热、气候和水土等自然地理条件不同，发展出了多样化的经营模式。综合来看，可以分为林下种植、林下养殖、森林景观利用等 3 种类型。

一是林下种植。林下种植是利用林木与其他农产品对时空资源需求的互补性，在林间空地上对各类不同的农产品进行适宜的时间配置和空间组合而形成的一种经营模式。王继永等（2003）、孙田田等（2012）、陈忠等（2018）和康传志等（2020）根据农作物的品种不同，又可以将其细分为“林—粮”“林—油”“林—药”“林—菜”“林—菌”等诸多不同的经营模式，具有面积大、模式多、分布广、发展快、效益高和潜力大等优势。

二是关于林下养殖方面。朱玲等（2015）、唐夫凯等（2016）、李小凤等（2017）和赵瑾璟等（2018）认为林下养殖是一种在林下放养牲畜的复合经营模式，利用森林的遮阴效果和生态系统服务，使牲畜得以在自然生态环境当中生长，避免圈养牲畜运动少、体质弱、食欲差等缺点，提高牲畜产品质量，还可以直接种植牧草作为饲料；此外，杨新忠等（2013）和杨子江等（2017）强调，部分地区的“林—渔”模式是利用滩地或者池塘的水陆空间形成林木与水产养殖结合。

三是森林景观利用方面。郑如敏等（2015）和雷硕等（2020）认为，为了满足人们日益增长的物质文化层面和精神层面的需求，依托森林优美的景观和环境、丰富的生物资源发展起来的生态旅游形式，通过创造接近自然的条件，使人们了解自然、享受自然，在提升身心健康和浸润美学享受的同时，自觉形成保护自然和环境的绿色发展理念。

（五）林下经济发展的综合效益

林下经济发展需要依托于森林以及林地特有的资源，利用生态经济和循环经济思想将地区优势的林业资源转化为经济效益。随着现代化建设的加快和城市化发展，人们对绿色健康的追求进一步加深，而林下经济发展实现了林地的综合高效利用，也满足了人们对绿色产品的需求，带来了较高的经济效益。与此同时，林下经济发展成为地区支柱产业也有助于地区产业的转型升级，改变地区经济发展模式，从而带动经济绿色增长，改善生态环境，实现良性循环。

诸多学者研究表明，以农林复合经营为主的林下经济发展产生了巨大的生态、经济、社会效益，有利于促进生态经济系统协调发展。首先，从生态效益来看，田淑英等（2017）和陆磊等（2019）认为林下经济是对林地资源的高效和节约利用，有效地契合了中国人多地少的基本国情，解决了土地稀缺问题，增加了土地承载率，其多组分、多层次、多时序的复合生产结构实质是对土地单元综合和可持续地利用，提高了林地利用的集约化程度。孙田田等（2012）、唐夫凯等（2016）、赵瑾璟等（2018）和王胜利（2019）认为林下经济依靠森林生态系统服务，大大减少了木材采伐，从而保证了森林生态系统的各种生态功能。朱小龙（2010）认为，通过合理的农林作物、微生物或动物的配置和组合方式，可以有效改善土壤环境，提升土壤肥力，促进微生物和大气循环，提升生态系统活力，改善森林环境。

其次，从经济效益来看，洪传春等（2015）、周杨等（2016）、柯水发等（2018）、陈忠等（2018）和吴恒等（2019）认为林下经济的发展是对自然资源的循环利用和可持续开发，有效地契合了我国国情——小农经济生产模式，可以较大程度地缩短林业经济周期，降低林业经营风险，提升农林产品的产量和质量，增加产品附加值；同时，也补充和完善了现有的林业产业体系，促进了农林业的商业化，新时期林下经济将更加突出行业交叉，凸显跨界经济效益。朱淑华（2018）、赵瑾璟等（2018）认为发展林下经济在贫困山区产业扶贫、精准脱贫和乡村振兴战略的实施过程起到重要作用。

最后，从社会效益来看，叶尚宇（2019）认为林下经济的发展一方面使全社会生态福利得到了提升；同时在发展过程中，使生产者意识到了保护生态环境的重要性，对其环境保护和绿色发展的观念产生了重要影响，对于促进人与自然和谐共生发挥了重要作用。王玉芳等（2017）和侯春飞等（2020）提出随着社会的进一步发展，林下经济不仅局限于绿色、天然的实物产品产出，而是依托森林景观和生态系统服务，提供无形的生态产品（即生态旅游服务），其核心是通过凝结人类的劳动，将生态系统的功能、价值直接或间接转化为人类所需要的生命支持和精神文化追求的产品和服务。

综合来看，林下经济发展的效益可以从经济、资源、环境和社会 4 个方面评价。杨慧敏（2018）构建了包括生态保障体系、促进社会文明进步、保护野生动物、促进生态与环境效益等多方面的评价体系。朱万春（2017）、吴毅（2019）、覃方铭等（2019）和雷硕等（2020）从收入、创汇、就业、产业要素、设施服务、环保宣传与自然教育等方面构成了经济和社会效益的评价指标体系。

（六）乡村振兴背景下的林业发展

乡村振兴是党在十九大中提出的，是一项强国富民的战略安排，是我国长期发展的战略要求。2018 年，中央一号文件对实施乡村振兴战略进行了全面部署。林业是我国农业的重要组成部分之一，是国民经济的重要基础产业。党的十九大报告明确提出，产业兴旺、生态宜居、乡风文明、治理有效、生活富裕是乡村振兴战略的总体要求。党的二十大进一步提出“建设宜居宜业和美乡村”。这一以贯之地体现了我们党对乡村建设规律的深刻把握，充分反映了亿万农民对建设美丽家园、过上美好生活的愿景和期盼。新时代新征程，全面推进乡村振兴，建设宜居宜业和美乡村，具有深远的历史意义和重大的现实意义。建设宜居宜业和美乡村，其目标任务是全方位、多层次的，涉及农村生产生活生态各个方面，涵盖物质文明和精神文明各个领域，既包括“物”的现代化也包括“人”的现代化，还包括乡村治理体系和治理能力的现代化。

由于林业产业的发展又推进着乡村振兴的逐步落实，对促进乡村的发展和建设、推进农业农村现代化建设和生态文明发展起着支撑作用。从其他角度来看，大部分学者认为在我国当前国情发展背景下，乡村有着众多林业资源，林业的经济发展能提供诸多经济资源来推动乡村振兴（林留兴等，2018）。林业发展在“三农”工作中也具有重要作用，林业因其独特性——整合资源与生态保护、产业发展、生态文化等功能，必将在乡村振兴中发挥重要作用。也有学者进一步指出，通过产业协同发展，“乡村振兴”战略可以被极大地推动，真正落实党的十九大提出的“产业兴旺、生态宜居、乡风文明、治理有效、生活富裕”的 20 字总要求（陈泠璇，2018）。推进党的二十大报告对建设宜居宜业和美乡村提出的明确要求，即要从政治高度和全局高度，抓紧抓好重点任务落实落地，推动宜居宜业和美乡村不断取得新进展新成效。

林业发展在推动乡村振兴方面有两种具体表现。首先，乡村生活更富裕，产业更优质是可以被林业的发展来推动的。林业产业是绿色经济，其潜力巨大、规模也是巨大的。可以推动“绿水青山”转化为“金山银山”，其特点为产品种类多，产业链长，就业量大（许辉霖，2018）。推动林业第二产业发展，扶持和培育大型林业龙头企业，即在政策、资金、土地、信息等生产要素方面具有竞争优势和带动作用强的林业企业，对推进林业产业结构性调整、拓宽农民增收渠道、解决富裕劳动力在当地就业、促进乡村振兴战略的实施，都有重要的引领示范作用（李永慧等，2013）。林业发展为当前乡村振兴发展提供了重要的资源条件和生态基础，创造了新的经济增长点，也是民生保障的蓄水池。因此，林业产业是实现乡村生活富裕、产业兴旺、农民增收、精准扶贫的重要途径（柯水发，2016）。在产业发展过程中，要按照地区特色发展林业富民产业，能够助力当地乡村振兴，林业发展在乡村振兴中以产业富民建设的形式表现（解开宏，2018）。

其次，生态宜居乡村的重要保障是林业。2018 年，中央一号文件明确提出，乡村振兴发展的重要内容是生态宜居，发展目标是“实现百姓富、生态美的统一”。现有研究认为大力发展林业，可以保护森林、湿地、草原和生物多样性，也可以加大生态文明建设提升乡村风貌，促进乡村振兴（郑甬龙，

2018）。同时，林业中的森林康养产业是践行“两山”理论建设美丽中国的有效路径，林业发展是实施乡村振兴战略推进林业脱贫攻坚的重要抓手（张绍全，2018）。因此，林业是实现乡村美丽、生态宜居的基础和保障。

从推动林业发展的角度来讲，实施乡村振兴战略，农村地区可以更好地推动林业产业的发展。董进智（2017）指出，随着“乡村振兴”战略的实施，国家必将出台相应的鼓励和保障措施，给予相应的政策支持，林业经济的健康快速发展将极大地得到促进。同时，政府部门在深入落实乡村振兴战略后，能够提升对林业产业发展重视程度，建立健全的林业产品交易市场或平台（党国英等，2018）。何津源等（2019）指出，乡村经济的重要经济支柱之一是林业经济，实施乡村振兴战略有利于林业经济的发展和农村居民收入的提高。振兴乡村最大的优势在于生态，建设生态宜居的美丽乡村，对林业来说是极其难得的机遇，能够提升林分质量，夯实林业可持续发展基础（张守攻等，2018）。总的来看，乡村振兴背景下农村产业不仅要发展，还要达到兴旺。农民生活水平不仅要宽裕，还要达到富裕。因此，林业产业发展受到乡村振兴的带动，也被赋予了更高的起点与发展目标。

三、文献评述

在对现有与林下经济发展相关文献进行总结之后我们可以发现，林下经济作为一个从外国外引入的发展理念在国内已经取得了丰富的研究成果，并且在深入研究的基础上，学者们对发展模式进行了全面的总结且已经应用于部分地区的生产实践，取得了令人瞩目的效果。但是在以下方面的研究还存在一定的提高空间。

（一）与国家政策结合不够紧密

目前与林下经济相关的研究重点都集中在各地区发展状况的实证分析，用数据说明林下经济发展的实际状况并分析各种模式的优劣。但是这些林下经济的发展具有较强的政策性，需要国家政策扶持、技术帮扶以及国家拨款，而这些影响因素与我国林业政策以及总体的政策背景都有密切的关系。目前国内研究在研究过程中集中于数据的分析，对于林下经济发展的相关政策因素分析还不够到位。

（二）分析角度单一

现有的文献部分集中于从核心产业、经营主体、发展模式等角度对各地区林下经济发展模式进行总结，对林下经济进行系统地定义等方面的内容，而对一个地区的林下经济为什么能够取得较好的发展成果，林下经济发展的必要因素等问题的探讨存在一定的欠缺。这也是本书希望重点关注研究的内容，旨在从数据入手深入分析林下经济发展的根本原因以及影响因素，为各地区践行具有特色的林下经济模式提供借鉴和参考。

（三）分析资源禀赋在林下经济发展过程中作用的研究较少

资源禀赋包括地区的地形条件、环境气候等多方面的因素。林业需要因地制宜地发展，而林下经济则需要依赖林业发展，因此在寻求效益最大化的过程中一个地区的资源状况会在很大程度上影响林下产业的选择以及森林资源的开发与利用。将地区的资源环境禀赋转化为区域经济发展的优势条件是发展林下经济的本质。但目前国内缺少相同或不同资源禀赋条件地区的林下经济发展状况的比较研究，也没有对发展产生差异的原因进行深入的分析和解释，对于资源条件这一影响发展林下经济的重要因素的研究较少。

（四）林下经济四种类型分别对农民收入影响的研究较少

林下经济在广义上的分类有四种：一是林下种植业，二是养殖业，三是采集业，四是森林旅游业，对于这四大类分别对农民的工资性收入和经营性收入等方面产生的影响的作用路径的研究较少，也缺乏较为生动的典型案例。

第三章

全球主要国家森林资源的复合利用发展状况

一、全球范围内的林下经济发展进程

近年来，许多国家已经制定了有关政策和措施，以推动可持续的林业经营，有些国家把林业作为一个基本的国家战略目标，目的是提高政府、企业和林农的参与程度。如《2011—2020 年越南森林保护与发展计划》就提出将为以森林资源为主要生活来源的居民提供更多的就业机会和经济收入，以达到消除饥饿、减轻贫困的目的。

尼泊尔、冈比亚、斯里兰卡等国皆已采取措施，将森林权属权利给予社区、家庭或个人，并鼓励他们进行森林资源的复合利用，以改善生活水平，加强权利人对于林地和林下空间的所有权和使用权，并从所有权的角度采取经济激励措施。巴西、中国、肯尼亚、苏丹、越南、墨西哥等国更多的是通过权属改革，进一步扩大林业权利，通过对森林资源的充分利用来获取林产品和副产品，进而来提高森林的经济价值和社会价值，而美国、澳大利亚、加拿大等发达国家，则更加侧重于休闲和娱乐等其他开发森林的用途。

在美国，所有的林地产权都被各级政府明确拥有并管理，美国林业局管理国有森林，能源部、国防部、州政府、县政府、土地管理局也参与管理部分国有林地。不管产权归属是哪个组织，各方都遵循"谁拥有，谁管理，谁投入，谁受益"的原则，各主体财政独立。正是由于美国在森林资源产权方面的明确归属，使得美国林业经济得到长足的发展，森林资源也得到充分的挖掘利用，其发展经验值得学习借鉴。

（一）美国的发展

1. 政府、服务协会等组织促进农林复合经营发展

美国农林复合经营的发展依托多个成熟的政府组织。各个林业组织之间合作共事，森林管理是一种尊重实际、依法管理的制度，它使用高新技术来保护土地，服务于国家，通过不断的改革来提升工作的效能，充分发挥地区

服务站的管理与协调作用，做好林区规划、环境跟踪评估、财务管理等。各个组织工作内容不同却分工明确。联邦和州林业部门作为一个服务型机构，它们采用了雇佣制度以提高员工积极性，着重为林地所有者提供商业和科技服务，不参与生产经营的决策。另外，借助市场加以导向、鼓励自由竞争，给予政策上的优惠和鼓励，重点是财政政策的扶持以提高林地所有者经营的积极性，同时带动林业的良性循环。

美国多个与林业相关的协会在农林复合经营中起到重要的推动和引导作用。这些协会不以追求经济利益为主要目的，由林业所有者、林业企业、科技工作者等自发组成，以服务林业发展为主要目的，严格遵守内部规章制度。协会作为民间组织，不具有政府权力，也不是经济组织，无权参与林业经济管理。这些协会的优势在于提供市场需求波动、行业走势、科学技术、协调组织、与政府与公众交流、对外发布、预测、反馈和形成林业政策等，在这些方面起到着无可比拟的作用。多个协会在政府、市场、科研和公关层面上积极运作，形成了一个比较完善的服务网络平台。

2. 科技支撑和政策扶持

农林复合经营的发展，依靠的是科技这个第一生产力，这在美国农林复合经营发展历程中体现的淋漓尽致。美国先进的科学研究制度为森林经济的可持续、有效地发展提供了强有力的推动力量。在美国，林业科研体系由政府所属科研院校、企业研究机构等三个部分有机组成，科研所需费用包括政府拨款、各类捐赠和项目课题经费支持等，林业科研在最大程度上与市场接轨，面向市场完全开放。科研内容由两部分构成：国家基础研究和直面市场的应用研究，其中直面市场的应用研究是主要研究内容。所有课题按照公开、公平、公正的原则在生产领域进行招投标，形成良好的结果后直接转化为第一生产力，科研具有较强的目的性，市场和生产实践是检验成果优劣的唯一标准。此外，美国对基因工程、生物防治技术、森林防火、资源监测中的计算机技术的运用十分普遍。

美国林业历史上税目繁多，其近年来通过广泛的减税、免税、退税、延期付税等优惠政策来刺激林业发展，加大力度建设林业基础设施。此外，政府对私有林地设立了林业奖励、林业管护和管护奖励等项目计划。

3. 林业基金制度

林业基金制度是美国面向私有林的经济扶持制度，通过建立林业基金制度向小私有林主发放林业发展专门贷款，对规模较大的私有林主给予额外的森林更新费用补助。这一制度的实行，加强了私有林主在提高林业供给能力、筹集林业建设资金、改善和保障林业生产条件方面的能力。此外，美国还建立了一个支持林业基金制度的林业发展信托基金。

除以上经验以外，美国的森林监管工作也值得学习。森林资源监测工作可以查清森林资源及林下生态状况，还可以准确反映动态变化及科学预测发展趋势。充分利用高新技术，推进森林资源一体化监测体系的建设。美国利用各州的森林资源普查资料，对全国的森林资源进行了统计。美国林务局定期对美国的森林资源进行全面的调查，形成森林资源清查报告和分析项目，为政府的决策提供了充分的依据。

（二）韩国的发展

为了保护和发展林业资源，20 世纪 60 年代韩国政府颁布了多条法规，如《森林法》（1961）、《水土流失防治法》（1962）、《野生动物管理和狩猎法》（1967）等，对在经营、保护森林、保护林地、防治水土流失、保护野生动物、狩猎活动等方面作出了明确的规定，从法律上保证了森林资源的开发，使林业步入可持续发展之路。在法规引导下，林业环境与林业经营者形成共生共赢的局面。

在这一阶段，韩国政府制定了有关政策，其目标是：一是促进植树造林，充分发挥其保护作用；二是要协调资源利用和环境保护之间的关系；三是要鼓励人们积极参与植树造林，鼓励海外投资。

（三）欧盟的发展

1. 构建林业社会化服务体系

欧盟绝大多数国家的林业社会化服务体系是完全与市场接轨的，政府管制很少，服务体系主要依靠市场机制的运转来保证自身的顺利进行。在政策层面，政府服务除了在立法管理、政策指导和金融信贷上提供支持之外，还在具有高度公益性的机构中提供林业服务（如林业咨询等）。

林业社会化服务体系包括林业技术服务和私有林主协会两部分。建立林业技术服务公司，主要是为私有林主提供技术咨询，培训技术人员，以及承包林业技术项目。私有林主协会以专业技术服务为主。该协会在调整小型林业技术和方法以适应外部环境方面发挥了决定性的作用，主要是通过推动小型私有林业的内部结构合理化、组织成员之间的合作以及帮助销售会员的木材等形式提供各种各样的服务。

2. 组建林业合作社

欧盟国家在克服私有林林权过于分散的弊端时，多数选择鼓励林业合作，实现经营规模化，在组织协同的过程中增强林农企业的核心竞争力。以德国为例，合作组织可以获得政府的财政补贴，而林业合作社则可以借此补贴来购买价格高昂的专用林具来修筑林道，提高劳动生产率，并在某种程度上提高了企业的管理水平。在合作社立法方面，在德国森林法中，有一大部分是关于组织私有林合作的，只有对组织建设合作社进行系统、规范的规定和约束，才能协调实现多个主体之间的生产和销售步调一致，从而使生产及产品销售跟随市场的需求变动。

3. 林产品政府绿色采购政策

长期以来，欧洲对森林资源的保护给予了高度的关注。目前，世界各地都有大量的非法砍伐行为。欧盟已经积极地采取了相应的对策，其中，政府的绿色采购政策在欧洲的实施效果最为显著。通过对欧盟林产品绿色采购政策的深入研究，可以为我国制定绿色采购政策提供科学的参考。

欧盟的绿色采购政策主要包含以下四个内容。

（1）公共意识推动政策实施。欧盟实施木材公共采购政策的驱动力是民众的共识。正是由于广大民众认识到森林的重要性，才使政府成功推行采购政策。由此可见，在实施林业经济政策前，加大宣传力度，增强公众对该政策的认同度是非常重要的环节。

（2）详实的采购标准提高政策效率。欧盟各国在制定相关政策时注重采用适合本国国情的技术规程和生产规章，这其中包括有关森林利用和使用权的标准。这些准则均是森林经营管理以及可持续木材生产的重要组成部分。确保了林产品政府绿色采购政策实施的高效率。

（3）政府支持实现政策的持续性。在政策的实施过程中，政府需要给予强有力的支持。政府应该尽量减少监管，避免由于征收额外费用导致森林可持续管理的成本上升。除认证之外，可以通过其他可行的和符合成本效益的证明形式实现市场准入。从而推动绿色采购政策得到持久有效地实施。

（4）政策优化的必要性。欧盟各国的林产品政府绿色采购政策值得我国学习借鉴，其对政策不断修订完善，从而保证该政策能够长期行之有效。同时，为了增加木材市场的透明度，加强林业经济合作以及增强本国木材和木材衍生品在世界市场上的竞争力，欧盟制定了的林产品政府绿色采购政策，通过不断适应外部环境变化，从而实现不同国家的相关政策间的有效融合。

近年来，欧盟对于林农复合经济开发与经营的重要价值给予了新的关注。2013 年，欧盟制定了一项新的森林战略，明确了森林利用和复合经营的各个层面。这项新战略将“提高资源效率，使森林和林业在促进农村发展、经济增长和就业发挥上做最大的贡献”（欧盟委员会，2013 年，第三章第一节“指导原则”）和可持续森林管理作为指导准则。同时，明确要求各成员国，要把林业发展措施列入农村发展计划，把重点放在支持可持续的森林经营、提高农村居民的生活品质、促进经济多样化上。在欧盟《2014—2020 年的农村发展规划》中提出，要重点关注农业、林业和农村地区的转移与创新，以提高竞争力和提高资源利用效率。这些都为欧盟的林农复合经营提供了政策性保障和现实性鼓励，推动林下经济取得了一定的发展成效。如西班牙、葡萄牙采用的栓皮栎树木与牧草，柑橘树与农作物间种形式；意大利在沿河杨树林下种植水稻、玉米、小麦等粮食作物；英国成立了国家林木复合系统研究试验站，开展林下种植、养殖方面的深层次研究。

欧盟并未满足于在林下产品政策和实践方面取得的已有成就，欧盟森林新战略提出“走出森林”，致力于推动对森林空间更为丰富、更多层次的利用（如开发森林资源产品和休闲服务）。欧盟森林新战略将对林农复合经营新形式的开发产生巨大的影响。它指出森林不仅对农村发展起到重要的促进作用，对生物资源、森林产业、生态环境保护也起到良性保障作用和推动作用，国家应该制定专门的政策，建立森林立体发展体系，同时把其他非林业方面的政策对森林及其发展的影响考虑在内，推动森林种养和生态旅游的进一步发展。

（四）俄罗斯的发展

俄罗斯在提供森林资源供给方面很关键。俄罗斯政府于 2014 年 9 月 23 日通过了《森林利用、保护和繁育基本政策》的最终草案。该草案对俄罗斯森林资源的可持续供应提出了政策保证，包括俄罗斯的森林资源利用、保护和繁殖的原则、主要目标和机制等。俄罗斯大部分的森林资源都集中在西伯利亚地区和远东地区，大量的木材蓄积量未被有效地利用，俄罗斯在全球林产品的贸易量中占比较小，具有很大的发展潜力。此外，该地区靠近中国、日本、韩国等木材需求大国，具有地理位置毗邻需求市场的天然地缘优势。

俄罗斯的启示主要包括：①俄罗斯森林资源丰富、幅员辽阔，但森林管理还需与时俱进，提高森林管理的效能，采取科学措施改良森林树种构成，加强森林培育和集约化经营。②俄罗斯的森林工业基础设施薄弱，劳动力资源匮乏，初级产品占据主导地位。俄罗斯政府目前正努力改善投资环境，积极争取与中国开展森林资源开发利用的国际合作，积极引进国外先进技术，提升林产品的附加值，推动林业产业化。③近年来，俄罗斯的森林认证范围不断扩大，在西伯利亚地区出现的非法砍伐行为得到有效控制，提高了森林资源的保护效率，达到了可持续经营的目的，推动了林业产业的持续、健康发展。④俄罗斯拥有丰富的森林资源，但其实际采掘量却远远小于允许采伐量，森林资源利用效率低下。

二、我国林下经济发展进程及经营模式

（一）我国林下经济发展进程

中国相关学者于1986年在“全国农林复合生态系统学术讨论会”上，对农林复合生态系统中存在的各种理论问题进行了较为深入的探讨。在此基础上，对农林复合系统的分类、经营和实践、生态效益等进行了深入的探讨。从整体上看，我国林业经济的发展可以分为三个比较明显的时期。

第一阶段：改革开放到20世纪末的启蒙阶段。在此阶段，中国关于林业问题的理论探讨是最活跃的。

第二阶段：1998—2003年的初期发展阶段。主要是由于“南北水灾”之后，林业的生态功能日益突出，林区传统的“木材求生存”“独木支撑求发展”的经济发展模式已经不能满足林区发展的需要，东北林区和西南林区的林下经济发展重点集中，林下多种经营和林下经济得到较快发展。20世纪90年代后期，国家提出了以生态建设为重点的林业发展战略。

第三阶段：2003年以后的快速发展阶段。为贯彻落实《中共中央、国务院关于加快林业发展的决定》提出的进一步完善林业产权制度的重要任务，福建、江西、浙江、辽宁作为试点，先行开始了集体林权制度改革，提出了加强林业建设是经济社会可持续发展的迫切要求，必须把林业建设放在更加突出的位置。以林业可持续发展为理论依据的现代化林业思想日趋成熟，国家林业“六大工程”的全面实施，农村集体林权制度的改革进一步深化，林业产业化、规模化生产步伐明显加快，一批典型的林业模式不断涌现。

2008年6月8日，中共中央、国务院发布了《关于全面推进集体林权制度改革的意见》，提出用5年左右时间，基本完成明晰产权、承包到户的集体林权制度改革，实行集体林地家庭承包经营制；规定林地的承包期为70年，承包期届满可以按照国家有关规定继续承包。

中共中央和国务院于2009年6月召开的中央林业工作会议上提出，要在

五年之内基本完成集体林权的改革。《国民经济和社会发展第十一个五年规划纲要》还将“稳步推进集体林权改革”作为我国现阶段深化农村改革的一项重要措施。此次林权改革从明晰产权入手，实行集体林地承包，确立了农民作为林地经营者的主体地位。随着集体林权制度的改革，林下经济成为一种新兴的林业经营方式，得到了越来越多的关注。

2011 年 4 月 29 日，时任中共中央政治局常委、全国人大常委会委员长吴邦国在广西考察时指出：“集体林权制度改革之后，要因地制宜，把发展林下经济等特色林业作为农村经济新的增长点来培育”。2011 年 9 月 6 日，首届亚太经合组织林业部长级会议在北京人民大会堂开幕。时任中国国家主席胡锦涛出席开幕式并发表题为《加强区域合作　实现绿色增长》的致辞。胡锦涛强调，亚太经济发展和区域合作正面临新的机遇。亚太经合组织各成员应该深化合作、携手共进，让森林永远造福人类，为亚太和世界人民创造更加美好的明天。9 月 26 日，时任中共中央政治局常委、国务院总理温家宝做出重要批示：“发展林下经济，既能促进农民增收，又能巩固集体林权制度改革”。10 月 7 日，时任中共中央政治局委员、国务院副总理回良玉作出重要批示：“发展林下经济是巩固集体林权制度改革成果、促进绿色增长的迫切需要，是提高林地产出、增加农民收入的有效途径，目前已经取得明显成效。要认真总结经验，科学谋划，加强引导，积极扶持，进一步加快发展步伐，确保农民不砍树也能致富，实现生态受保护、农民得实惠的改革目标。”中央领导同志的重要指示和批示，充分肯定了发展林下经济的重大意义，对进一步壮大林下经济提出了明确要求，是做好林下经济工作的基本遵循。

2012 年 7 月 22 日，国务院办公厅印发《关于加快林下经济发展的意见》，要求各地积极发展林下经济，包括林下种植、林下养殖、林产品生产、林景开发等，从而增加农民收入，巩固集体林权制度改革和生态建设成果、加快林业产业结构调整步伐。

2014 年初，国家林业和草原局制定并发布了《全国集体林地林下经济发展规划纲要（2014—2020 年）》，提出 2014 年是我国全面深化改革的关键之年，各级林业部门要深入贯彻习近平总书记关于生态文明建设和林业改革发展的重大战略思想，认真落实党中央、国务院的各项决策部署，积极主动适应经济新常态，加快林业改革发展，为改善生态和改善民生做出贡献。党中央、国务院审议通过了《国有林场改革方案》和《国有林区改革指导意见》，这是国有林场和国有林区改革的第一次全面部署，是我国林业改革全面深入的一个新时期。国家林业局还制定了林业改革的中长期计划，提出了加快林业管理体制和治理能力现代化的总体目标，各项林业改革全面推进。

2015 年，为了落实《关于加快林下经济发展的意见》，国家林业和草原局制定了《全国集体林地林下经济发展规划纲要（2014—2020 年）》，提出了力争到 2020 年实现林下经济产值和农民林业综合收入稳定增长、全国发展林下种植面积约 1800 万公顷、实现林下经济总产值 1.5 万亿元的总体目标。

2016 年，《关于在贫困地区开展国家林下经济及绿色特色产业示范基地推荐认定的通知》发布，为推进脱贫攻坚，培育一批具有特色的林下经济和特色产业示范基地。

2019 年，根据《国家林业局农业综合开发项目指引（2017—2022）》和《农业综合开发木本油料及示范项目指引（2018—2020 年）》管理部门下发了 4 项重点支持的林业项目，其中就有林下经济示范项目，其目标是在不影响林木正常生长的情况下增强林地综合经营能力，同时充分利用林地资源和林荫空间，发展林药、林菌等林下种植业，增加林地综合效益。

2021 年，林下经济再次被写入“中央一号文件”，《中共中央　国务院关于全面推进乡村振兴加快农业农村现代化的意见》明确提出要大力发展林产品和林下经济。

2021 年 9 月，国家林草局和国家发展改革委共同印发了《“十四五”林业草原保护发展规划纲要》，提出要把林下经济作为林草产业新业态的重要内容，并提出要优化林下经济的发展布局，打造一批国家森林经济示范基地。

2021 年 12 月，国家林业和草原局发布《全国林下经济发展指南（2021—2030 年）》（以下简称《指南》），提出要进一步明确林下经济的发展方向，扩大林下经济发展规模，优化林下经济发展布局，延伸林下经济产业链条，增加林下经济产品供给，提高森林资源利用水平，实现林草产业高质量发展，为助力健康中国和乡村振兴战略、推进生态文明和美丽中国建设做出新的贡献。《指南》对 10 年来我国林业产业的发展历程、取得的成绩、存在的问题进行了全面的总结，对当前的发展机遇进行了分析，并提出了今后 10 年我国林业产业发展的总体思路、发展布局、重点领域、主要任务和支撑保障等。到 2025 年，逐步扩大林下经济的发展，继续优化林下经济的产业结构，不断增加林下产品的有效供应，提升林产品的知名度；大力发展林业产业示范基地，培育龙头企业、合作社等多种经营形式，逐步提高农民的综合收益；加强品牌和标准化；建立健全的产品流通和社会化服务系统，提升相关产品的技术含量，强化政策导向，增强市场洞察力；林下经济经营和林地资源开发利用面积已达到 6.5 亿亩，林业产业产值 1 万亿元，全国林业产业化示范基地已建成 800 个。计划截至 2030 年，形成林下经济产业高质量发展的良好格局，林下经济产品生产、加工、流通、溯源体系进一步完善，产品供给能力、质量安全水平、市场竞争能力全面提升，机械化、智能化水平大幅提高，特色产品竞争力、知名度、美誉度得到国内外市场充分认可；林下经济经营和林地资源开发利用面积已达到 7 亿亩，林业产业产值 1.3 万亿元，全国林业产业化示范基地 1000 个。《指南》从林地利用范围、发展方向、发展模式、区域布局四个角度，对我国林下经济发展进行了规划；建议大力发展林下中药材产业，发展林下食用菌产业，科学引导林下养殖，有序发展林下采集产业，加快森林康养产业的发展；提出了强化林下经济品牌建设、培育经营主体、构建营销流通体系、深化林下经济示范基地四大方面的工作。要健全政策制度，落实好各种扶持措施；要加强基础设施的建设，健全水利、交通等配套设施；加大科技支持力度，推动企业技术创新与成果转化；加强对生态环境的保护，按照法律法规，大力发展林下经济。

（二）我国林下经济经营模式

林下经济在我国的经济发展中起着举足轻重的作用。从总体上看，林下经济有 4 种类型：林下种植、林下养殖、林下产品采集加工和森林景观利用。随着近些年人们生活水平的提高，人们愈发注重身心放松与亲身体验，采摘及森林旅游呈逐年上升趋势。除此之外，林下经济模式还有其他如林粮模式、林草模式、林渔模式等类型，这些林下经济模式不仅可以提高资源的利用率，还可以为林农增收致富提供新模式。

1. 林禽模式

在速生林下种植牧草或保持自然的野草，在周围设置栅栏，饲养柴鸡、鹅等家禽，树为家禽提供荫凉，是家禽的“氧吧”，通风、降温、防病，对家禽的生长非常有利，而放牧的家禽则可以吃虫子，不需要啃树皮，粪便可以滋养森林，与森林形成一条良性的生态循环。建设禽舍省时省料省遮阳网、降低投入；远离村庄，无污染，生态良好；禽粪作为树木的肥料更有营养；绿色、无公害的禽产品，市场行情好，价格高。

2. 林畜模式

在林地上饲养牲畜的方式有两种。第一种是放牧，也就是利用林中的牧草来发展奶牛、肉羊、肉兔等养殖业。速生杨树的叶子，种植的牧草，树下的可食杂草，都可以作为牛、羊、兔的饲料。林地饲养解决了农区牧羊、牛的不适应，也有利于家畜的生长繁殖；同时，也为牲畜提供了良好的生存条件，并对疾病的预防起到了积极作用。第二种是在林中放牧的肉猪，因为有树荫的遮挡，夏天的气温较一般的室外气温要低 2℃ ~3℃，比一般的封闭式畜舍要低 4℃ ~8℃度，有利于牲畜的生长。

3. 林菜模式

林木与蔬菜间作种植是一种具有很高经济效益的经营方式。在林下种植菠菜、辣椒、甘蓝、洋葱、大蒜等蔬菜，每亩年收入在 700 ~1200 元。

4. 林草模式

此模式的特征是在已退耕的速生林下种植牧草或保留天然的野草，树木生长对牧草无明显影响，饲草收割后，饲喂畜禽。一般情况下，一亩地可以收获 600 公斤的牧草，可以带来 300 元左右的收入。

5. 林菌模式

利用速生林下间作种植食用菌，是解决大片空闲林地的有效办法。食用菌生性喜荫，林地通风凉爽，为食用菌的生长创造了良好的环境条件，降低生产成本，简化栽培程序，提高产量，为食用菌产业的发展提供了广阔的生产空间，而食用菌采摘后的废料又是树木生长的有机肥料，一举两得。

6. 林药模式

林间空地适宜种植金银花、白芍、板蓝根等中草药，采用半野生方式种植，管理相对容易。经调研，在林下种植中草药，每亩每年的纯收入一般在几千元，有的中草药每亩每年的收入可以超过万元。

7. 林油模式

在林下种植大豆、花生等油料作物，也是一条很好的农民增收的途径。油料作物属于浅根作物，不会与树木争夺养分和水分，覆盖地面可以有效地防治土壤侵蚀，同时还可以提高土壤的有机质含量。

8. 林粮模式

该模式适合 1 ~2 年的速生林，在这个时期，树体较小，遮光较少，对农作物的影响较小，可以种植棉花、小麦、绿豆、大豆、甘薯等。

近年来，各地党委、政府、林业主管部门不断加大对林下经济发展的引导和支持力度，贵州、江西、广西等 20 余个省市相继出台了相关的政策和政策，为林下经济发展提供了有力的保障。2021 年 7 月，贵州省委、省政府联合印发了《关于加快推进林下经济高质量发展的意见》，提出要围绕“扩规模、优品种、调结构、提质量、强品牌、拓市场”，着力构建林下经济特色产业体系、生产经营体系、科技服务体系、基础支撑体系、政策保障体系，提高林下经济发展专业化、精准化、系统化、市场化、高效化水平，并在省级层面成立了领导小组，统筹推进林下经济各项政策措施落地落实。各地在发挥优势特色资源的基础上，积极推进林下经济的发展，形成了一批拥有好经验的典型案例。比如广东省广宁县就把林下经济纳入了林长制度的考核范畴，大力发展林药、林茶、林禽、林畜、林蜂等多种林下复合经营模式，全面发展林下经济。在内蒙古阿拉善盟，大力发展肉苁蓉林下生产，大力发展生态富民产业，本着“谁造林谁受益”原则，有效激发农牧民植树造林积极性，推动实现生态产业化、产业生态化。广西壮族七坡林场，充分发挥了造林绿化建设中所形成的优良林下空间，培育多种经营方式，创新推广“林 + 林 + 藤 + 草 + 菌”等高效立体种植模式，大力发展林下“立体经济”，提高了生态公益林的质量和效益。贵州省锦屏县通过多种方式，大力发展“五林经济”，即在林上种植石斛、林中养蜂、林下养鹅、种植中药材、林内发展康养旅游、林外发展林产品精深加工，形成一二三产业高效联动、融合发展新格局。

三、林下经济的影响因素分析

（一）科技发展水平

林下经济虽然是一种新型的林业经营方式，但林下空间复合经营方式在我国已有数千年的历史，许多农户依靠自己的经验从事林下种植、养殖、采集和产品加工等活动，但我国林农大多文化程度较低，对新物种、新技术的利用还不够充分。例如，在色蕉芋采集加工利用过程中，大部分林农只是取根制作淀粉，而忽略了每百公斤芋杆可制造 17.5 公斤人造棉原料的重要价值（赵静，2013）。此外，很多林下经济企业在规模效益、扩大再生产能力及科技创新等方面存在不足，导致林下经济企业缺乏市场竞争力，致使我国的林下经济产品多为初级加工或低附加值的产品。如我国粗加工低附加值的药草出口所占比例高达 64.8%，林下经济提取物和中成药只占 20.1% 和 15.2%。当前，由于没有专业的单位和组织来引导林下经济的发展，农户技术水平还不够成熟，无法利用先进的技术手段来解决林业经济发展中遇到的各种问题。所以，大部分的农户还没有实现对资源的合理使用与分配。同时，目前国内有关林下经济的研究水平还不够高，缺乏系统的深层次研究，还需对成功的案例进一步梳理和总结，科研水平还需要进一步提高，研究工作还需要进一步深化。

（二）生态环境

尽管我国出台了很多关于林下经济经营的政策，赋予了林农更多的土地资源，但是我国林业生态环境形势仍较为严峻，很多林业用地被规划成自然保护区、森林公园、公益林、生态林，这些森林对生态建设负有重要的责任，生态保护任务艰巨。虽然林下经济是以不砍伐林木为基础的森林经营形式，但是高强度、不合理的森林经营利用依然会造成森林生态环境的破坏，由此带来较大潜在经济损失。

（三）市场机制

林下经济市场机制不健全主要表现在市场信息共享和利益共享方面，易导致林下经济资源配置低效。当前，林下经济的经营主体之间的竞争却处于无序状态，市场信息不对称难以使林下经济资源利用的收益最大化。另外，还存在利益共享机制不健全这一问题，大部分的林下经济收益实现在流通环节，而资源初级经营主体、林下采集者及林下种植培育者获取的收益较少。

（四）自然条件

森林资源的分布特征决定了我国林下经济发展的空间特征。丰富的森林资源为我国林下经济的发展提供了广阔的空间，同时辽阔的地域环境也使我国的森林资源存在着南北、东西间的差异，这也为我国发展丰富的林下经济模式提供了必要条件。在此基础上，结合森林资源和土壤、植被的差异，确定最优的经济发展模式，从而达到最大的经济效益。我国地域广阔，自南向北横跨多个气候带，光照、温度、雨量等方面存在差异，在某种程度上导致了我国林下经济的多元化。

（五）经济发展条件

中国区域经济发展的不均衡是造成林下经济发展空间分布现象的主要原因。林下经济的发展是一项与其他产业发展联系较为紧密的产业，其自身的发展更是受到其他经济部门制约。林下经济作为一种新兴形式，它的发展目前还不能够左右其他行业的发展，因此便不能脱离地方经济的束缚。如陕西、内蒙古、河南、湖北、江西等中西部地区，其自身的经济发展程度与东部地区相差较多，其他产业对林下经济产业的发展带动能力较弱。而有些在森林资源有优势的地区也会出现林下经济产值较低且被产值较高区域所包围的现象。云南、贵州等地区虽然有较为丰富的森林资源，但是在经济发展水平方面较弱，地方经济发展对林下经济发展影响较大，因此这些地区常常出现林下经济低值聚集的现象。林下经济发展的制约要素按结构层次顺序为：资本、市场、技术、理念。林下经济融资条件的制约，主要表现为资本不足，限制了林下产业的发展和再生产的投入。而资本投资是林下经济的重要物质基础，是林业生产经营的重要组成部分。所以，在林下经济发展过程中，必须首先解决资金约束问题。但是，资金约束是一种表面的约束。它的持续性相对较弱，一旦问题被解决，它的约束就会立刻减弱甚至消失。

（六）政策扶持

2008 年之前，只有山东省出台了有关林下经济发展的相关政策文件。这在一定程度上促进了区域林下经济的发展，使该区域的发展进度与其他省份相比发展较快。2008 年，中共中央、国务院通过了《关于全面推进集体林权制度改革的意见》。这份文件明晰产权、勘界发证等集体林权制度改革的主要任务，对农户从事林下经济的生产提供了政策保障，同时将集体林地的经营权和林木的所有权落实到具体的农户手中，确立了农户的经营主体地位，在较大程度上解放和发展了中国的林业生产力，激发了农户从事林下生产经营的积极性。近几年，国家逐渐加大了对林业的支持，加大了科技投入和专业人才的培养，出台了一系列的政策，以促进林业科研和科技创新。正是由于各地对发展林下经济的重视，近几年我国林下经济发展越来越好、前景愈加广阔。

（七）劳动力

林下经济产业目前仍是劳动的密集型为主。在目前的林下经济发展状况下，很多劳动生产率都不能用机械代替，即使能代替也要花费高昂。这对林农来说是一项巨大的支出，甚至可能得不偿失。另外，为适应我国农业和林业行业的多元化、个性化的需求，一些产品在加工过程中必须进行手工操作。但是，最近几年大量的劳动力涌入城市，导致了农村劳动力的短缺，逐渐形成了青壮年去城市务工，老人和小孩在村里劳作的局面。林下经济发展中，有知识、有技术的青壮年劳动生产力的流失是当今阻碍林下经济发展的重要因素之一。

第四章

林下经济研究的理论基础及作用机制

一、理论基础

（一）生态学理论

1. 生态系统理论

生态系统是由一定空间内生物群落和无机环境构成的，通过物质循环和能量流动而相互作用和依存形成的生物和环境的统一整体。也就是说，生态系统是由不同种类生物组成的，通过物质循环、能量流动和信息传递将生物与环境统一起来的完整的生态学功能单位。生态系统由生物部分和非生物的物质和能量组成，其中生物部分包括生产者、消费者和分解者，他们根据彼此间的食性关系形成不同类型的食物链（不包括分解者），以实现生态系统中生产和分解这两个最基本的过程。生态系统具有物质循环、能量流动和信息传递三大功能，特别是物质循环中的水分、养分和土壤循环对生态环境的影响比较大。

发展林下经济，要尊重并依据生态系统理论的观点，综合考量林下经营与非生物的环境系统之间的关系，把融合林下经济后形成的新的生物系统与环境系统作为一个统一整体来经营管理，若开发程度超过原有生态系统的自我调节能力的限度，生态系统就难以回复到原来的状态，因此要尽可能保持生态系统的结构和功能的完整性，而不是片面地只考虑发展林下经济和追求最大的经济效益。系统内物质循环往复、充分利用，使系统内每一组分产生的“废物”" 成为下一组分的“原料”，无所谓“资源”与“废物”之分，构成了生态系统中营养物质的最佳循环。以林下饲养禽畜为例，林木能为禽畜的生长提供良好的生态环境，林木通过光合作用产生的氧气聚集在林下形成禽畜的“天然氧吧”。而禽畜的排泄物分解后产生的氨气、二氧化碳等物质又作为林木的肥料及光合作用原料来满足生命活动的需要，两者结合，并且相互促进，实现良性循环。这样不但充分利用了林下闲置的空间，节约了土地；而且节省了生产成本，提高了饲养效益，一举多得。

2. 生态位理论

生态位理论在现代生态学研究领域中占据重要地位，许多著作都详细的描述了这一核心概念。生态位是指某一物种在生物群落中特定的地位和作用。关于生态位，有三种较为经典的解释如下：一是空间生态位。该词由美国学者约翰逊在 1910 年首次提出，当时他在生态学论述中使用了“生态位”一词，将生态位定义为“恰好被一个种或一个亚种所占据的最后分布单位”，主要关注的是种（种或亚种）的空间分布的意义。二是功能生态位。1927 年埃尔顿首次将生态位概念的侧重点转到生物群落上来，认为生态位是指“它在生物环境中的地位及其与食物和天敌的关系”，由此看出，埃尔顿更加注重种在群落中的食物和天敌的关系，可以总结成功能生态位。三是多维超体积生态位。生态学家哈钦森在 1957 年提出用多维空间来描绘生态位，把生态位作为一个生物单位生存条件的总集合体，并依照生物的耐受性法则，用坐标表示影响物种的环境变量，建立了多维超体积生态位，进而在此基础上提出了基础生态位以及现实生态位的概念，相比而言，多维超体积生态位比前两种概念描述下的生态位更能揭露生态位的本质意义。

生态位理论在林下经济中的主要应用是要因地制宜，科学合理的选择发展模式，在进行林下经济的设计和经营时，需要认识到每个物种都是维持生态系统物质循环、能量流动和信息传递等功能和生态系统动态平衡时不可缺少的部分，具有特定的不可替代的位置意义；也应当提前调查并考虑到当地所处的地理位置、各类生物所处的特定生态位的特点。在林下种植品种的选择上，要充分认识到这一点，进而避免与原有生态系统中的物种的生态位发生严重重叠，导致恶性竞争。在功能结构下配置不同的生物物种，使之占据和利用各自适合的生态位，为系统的动态平衡发挥最大作用，提高林下经济的生态和经济效益。

（二）经济学理论

1. 生态经济学理论

生态经济学是由生态学和经济学相互结合形成的一门交叉学科，其理论核心思想是通过生态系统和经济系统相互融合，以较小的投入取得较大的收益或者产出，进而实现生态效益和经济效益都最大化的目标。在生态经济学理论基础上衍生出的生态经济系统分成三个亚系统：一是生态系统，它是生态经济系统的基础，生态经济系统进行的社会生产、再生产时都需要建立在生态系统的基础上；二是经济系统，它是生态经济系统的主体，人类参与的经济活动在生态经济系统中具有主体地位；三是技术系统，它是生态经济系统的中介，技术是指人类开发、利用和改造自然界的物质手段、精神手段和信息手段的综合。生态系统与经济系统之间如果没有人类使用相应手段改造的话，两者不能自动耦合，需要人在劳动过程中发挥技术中介作用才能耦合为整体。

林下经济是一种区别于传统林业生产的多维度立体经营方式，是采用以保护生态环境为基础的绿色可持续发展的循环经济模式，是平衡森林资源保护与经济发展二者关系的有效发展模式。发展林下经济即依托生态经济学理论，通过运用技术手段，保证人们在开发、利用和改造自然界（生态系统）的过程中，实现生态效益、经济效益的最大化。

2. 土地经济学理论

土地是人类生存、生产和生活的物质基础和来源，可以为人类社会的发展提供多种产品和服务。发展林下经济的本质是科学合理地利用土地，以达到合理、充分、可持续的利用土地资源，实现生态和经济的协调发展。

土地经济学是注重研究土地经济问题的应用经济学，是阐述围绕土地这一生产要素而产生的经济问题的要素经济学，是各门土地学科中综合性较强、具有概述性的学科。常见的土地问题主要是两类问题，即土地利用领域中的生产力运行和生产关系运行问题，例如有土地资源供给、土地集约利用、土地规模经济、土地所有制、土地使用制、土地国家管理制、土地租赁制、土地信用制等。换句话说，土地经济学研究的是对土地领域中的生产力运行和生产关系运行及其相互关系。土地经济学里的土地领域的生产力运行是指科学合理地调整土地资源的利用方式，进而使土地资源的产出最大化。土地生产关系即土地经济关系，它包括土地财产关系和土地资产关系，在这两者相互关系的问题上，生产力决定生产关系，生产关系影响生产力。

林下经济依据土地经济学原理，通过调整优化土地生产力和生产关系，来达到合理利用土地资源的目标，其主要表现在以下两个方面：一是优化土地的利用方式，提高土地资源的生产力和产出；二是完善利用土地资源时的生产关系，巩固集体林权制度的改革成果，实现经济、社会、生态效益“三赢”的局面。

3. 区域经济理论

（1）平衡发展理论

将哈罗德多马新古典经济增长模型作为理论基础发展起来的平衡发展理论有如下观点：因为各种经济因素相互依存和制约，所以各个经济部门之间应该尽可能地保持平衡的发展状态，在这其中又分为两大理论，分别是纳克斯的平衡增长理论和罗森斯坦罗丹的大推进理论，两种理论都有其侧重点。平衡增长理论主要认为经济发展的落后的原因是供给与需求不足，两者形成恶性循环。大推进理论主要认为可以对经济施加外部刺激，赋予活力，对供给与需求的部门给予经济支持，借此达到平衡发展的目的。整体的平衡发展理论都支持各个经济部门要保持同步发展使区域经济能够实现平衡发展。它的优势在于通过缩小各地方之间的经济等差距，协调生产力与生产资料的均衡分配，在一定程度上能促进社会公平，进而维护了社会的相对稳定。它的劣势是各个区域对生产力和生产资料的使用程度不同，造成了经济的不平衡发展。此种理论忽视了经济的良性发展，使发展的脚步迟滞变缓。

（2）梯度推进理论

弗农提出的梯度推进理论认为不同国家或不同地区间有着产业梯度和经济梯度，既然存在梯度地区技术经济势差，就存在着技术经济推移的动力，该动力就会导致生产力的空间推移和扩散。经济的发展趋势是发达地区先发展起来，由发达地区向次发达地区，再向落后地区推进，由于技术经济势差带来的推动力，处于高梯度地区的产业会自发地向处于较低梯度上的地区转移。梯度推进理论的第一位是经济效率，第二位才是公平。它认同条件更好的地方就应该先发达起来，而条件差一些的地方可以慢慢赶上，这说明它在一定程度上承认地方差异，要求从客观出发，各自发展。自然、经济差异的问题到处都存在，这就使这个理论有很强的普适性，将它作为理论指导学术和实践时更易取得良好的效果。同样，梯度推进理论也更适用于中国的经济发展，自1978年改革开放以来，广东沿海地区的发展特点就可以用梯度推进理论来解释，从最开始的珠江三角洲到两翼地区再到北部地区，以点带面，广东地区的经济迅速发展，成为带动我国经济发展的重要区域。

（3）网络开发理论

网络开发理论，是在点轴开发理论的基础上延伸出来的。该理论认为，在经济发展到一定阶段后，一个地区形成了增长极即各类中心，增长轴即城镇和交通沿线，而后增长极和增长轴的影响范围不断扩大，在较大的区域内形成资金、技术、信息、劳动力等生产要素的流动网及交通和通信网。在此基础上，网络开发理论关注加强增长极与整个区域之间生产要素沟通交流的广度和密度，促进地区经济一体化，尤其是城乡一体化。同时，通过网络的外延扩大，加强与网络外其他区域经济的交流，在更大的空间范围内，更合理地配置和优化组合各区域的生产要素，促进更大区域范围内的经济的发展。通过对点轴开发理论的进一步完善衍生出了网络开发理论，所以说两者是同源的。它适用于在经济发展达到一定阶段时，一定区域的经济结构稳定和交通干线形成之后，继续往更深层次去联系和发展。它是经济进一步融合的关键点，有效地促进了城乡一体化，使各个经济部门之间实现更加合理有效的合作，更好地配置资源。

（4）点轴开发理论

点轴开发理论是增长极理论的延伸，从区域经济发展的过程来看，经济中心总是先集中在少数条件较好的区域，成斑点状分布。这种经济中心既是区域增长极，也是点轴开发理论中的“点”。随着经济的发展，各地区的经济逐渐被带动起来，经济中心逐渐增加，由点与点之间于生产要素交换所需要的交通线路以及动力供应线、水源供应线等构成的线就是轴线。这种轴线首先是为区域增长极服务的，但应当注意的是，轴线一经形成，能够吸引人口、产业向轴线两侧集聚，进而产生新的增长点，点轴贯通，就形成了经济发展的点轴系统。因此，点轴开发可以理解为从发达区域里大大小小的经济中心（点）沿交通线路向不发达区域纵深地发展和推移。由此看出，该理论侧重从区域经济发展不均衡规律的角度看待相关经济问题。讲究建设“点”与“轴”相辅相成的交通枢纽，通过各种交通线路的建立搭建起连接地区的平台。此理论是在增长极理论基础上进一步发展而来的，它重视交通在经济发展中的作用，适合地理位置好的区域。

（5）增长极理论

增长极理论是由法国经济学家佩鲁在1950年首次提出，该理论被认为是西方区域经济学中，经济区域观念的基石，是“不平衡发展论”的依据之一。增长极理论认为：资本主义国家要实现均衡发展只是一种理想状态，在现实经济生活中是不可能实现的。因为任何国家的私有制经济增长规律通常是从一个或数个“增长中心”逐渐向其他部门或地区传导推移的，因此，应选择特定的地理空间作为经济增长极，以带动国家经济发展。增长极理论也认为少数经济好的地区应该发挥点轴开发的作用带动经济不好的区域取得经济进步和发展。我们发展好了少数区域与产业的基础上，那么这些区域与产业就会吸引大量高尖端人才、技术和大量的资金等。有了这些生产要素的配套，就可以带动周边区域的发展，进行人才技术、资金的进一步扩散，让收益辐射更广的区域，让更多的人同时受益；同时这个增长极点也在不断地被推动发展，进一步增强其综合实力。政府在其中可起到调配者的作用，弥补市场自我发展的不足，对资源进行更有效的再分配。但是在这个过程中，政府的干预可能会导致贫富差距进一步扩大。

4. 制度经济学理论

（1）产权理论

因为资源的稀缺性，导致人们在对资源的争夺过程中不可避免的会发生冲突，为了减少冲突的发生，人们开始引入产权的概念来解决资源的稀缺问题。产权最早出现在科斯创作发表的《企业的性质》一书中，因此科斯被称为“当代西方现代产权理论研究的鼻祖”。科斯提出，应该在经济分析过程中将产权制度作为一种重要的影响因素，因为产权制度可以实现对社会资源的有效配置。科斯还建议学者在进行利益最大化和帕累托最优的研究时将产权制度作为一个重要变量进行考察。因为产权制度安排的不同会带来经济效益的不同，而合理的产权制度安排对资源的优化配置作用至关重要。

在科斯之后，德姆塞茨走上了西方现代产权理论的历史舞台。德姆塞茨认为，产权是一种权利。这种权利可以使权利人在获得收益的同时避免承受损失。与科斯支持对产权制度进行合理安排不同的是，德姆塞茨认为公有制相对私有制来说不具有优势。因为在私有产权制度的安排下，人们会受利益最大化的驱使，在私人承担和享受经济活动所产生的成本和获得的收益过程中，能够对资源进行高效的利用，释放出最大的生产力，创造出最大的经济效益。西方现代产权理论还包含诺斯所提出的制度变迁理论。诺斯提出个人、集体和国家是社会变革的三大推动力，是社会制度发生变迁的原因。虽然我们知道这种推动力有着显著的差别，但是这三者都是为了追求自身利益最大化从而做出符合“经济人”假设规律的行动策略。由上述可知，西方现代产权理论里的产权概念强调的是一种契约关系，这种契约关系是主体为追求利益最大化而建立的，同时这一主体还需要具有理性和独立的财产权。

（2）制度变迁理论的核心思想

在修正古典“经济人”假设、阐述交易费用理论基础上，道格拉斯·诺斯明确提出“制度是一个社会的博弈规则，它们是一些人为设计的、型塑人们互动关系的约束”。他认为，组织和企业家是型塑制度变迁的主角，他们对现存制度框架内的激励作出反应，利用自身的谈判能力维持或重置合约。制度变迁是一种从“均衡状态—不均衡状态—均衡状态”的动态变化过程。这种制度变迁的根源用科斯等的话回答就是“只有预期的净收益大于预期成本时，现存制度安排才能被创新。只有这一条件成立时，才会出现改变现存制度及产权结构的企图”，也能理解为制度变迁过程是由要素相对价格以及组织的偏好变化所导致。当要素相对价格发生变化时，交换的一方或双方就能感知到处境有改善的可能，人们便有了重新定约、签约的动力，通过投入资源重构合约而获益。这也意味着将形成新的“帕累托最优效应”。值得关注的是，道格拉斯·诺斯特别强调非正式制度对制度变迁的影响，行为人的观念对制度变迁发挥的作用比技术变迁更为深远，它是正式制度的延伸、阐释和修正，渐进地影响制度演化过程。根据变迁主体的不同，制度变迁可以划分为强制性制度变迁和诱致性制度变迁两种路径。强制性制度变迁是指政府通过法令等措施自上而下推动的强制性制度创新，与诱致性制度变迁相比，其手段相对强硬，变迁时间较短。诱致性制度变迁是由个体、群体发起的自下而上、局部到整体的缓慢性制度变迁，往往存在制度不完善、不规范弊端。两种制度变迁方式各有其适用范围，综合协调运用才能实现制度运行的良好均衡。

5. 农户行为经济学理论

（1）羊群效应导致的从众行为

羊群效应是指经济主体容易受其他同类群体行为的影响，总是根据其他同类主体的行动而行动，丧失个体主观意识的一种盲目从众跟风心理。农户产生羊群效应主要有两个原因：一是信息相似性。农户大都为土生土长的本地人，同一村庄的农户所处的环境和个人经历基本相同，了解、接受和掌握的信息也大体相似。基于获知信息的相似性，农户对形势作出的判断和采取的行动易发生羊群效应。二是信息不对称。农户的文化水平大部分较低，认知带宽有局限，法律意识淡薄和法律知识匮乏，对改革中的很多事项了解不完全，农户与承接方之间易产生信息不对称。在这种情况下，受到群体压力的影响，农户易妥协而放弃自己的意见，会选择与大多数人保持一致。

（2）前景理论引发的风险厌恶

前景理论描述了人们面对亏损和收益时的风险偏好以及参照依赖。大多数人处于收益状态时是风险厌恶者；处于亏损状态时变为风险寻求者；相同的损失和收益情况下，由损失带来的痛苦远远大于收益带来的快乐。根据前景理论可知：第一，农户尤其是年龄较大者面对改革时，往往产生确定效应，即厌恶风险、见好就收，更加偏好确定收益。第二，损失和获得的敏感程度不对称，损失带来的痛苦大大超过获得引起的快乐。第三，大多数人对于得失的判断是根据参照点设定。人们对于决策结果的判断一般是基于结果值与参照点之间的差额计算完成的。土地作为农户家庭资产的重要组成部分，农户的参照点为改革前的收益。当改革后的收益超过参照点，农户才会将其视为收益；否则，农户将其视为损失。

(3) 心理账户的不可替代

心理账户理论揭示了人们在管理、评估、跟踪经济活动，进行经济决策时的心理认知过程，指出人们在心理上把支出或收入划分成不同的且相互之间具有“非替代性”的心理账户。人们在对经济结果进行编码、分类、估价的过程中并非追求完全理性的效用最大化，而是追求情感上的最高满足感。THALER 认为，心理账户由三个部分构成：一是感知决策结果，制定决策及事后评估；二是根据资金的来源和用途将活动分配给特定账户；三是账户评估的频率，包括以每天、每周或每年的频率进行评价。人们在进行心理账户运算时，有一套运算法则。

当存在两笔收益 X、Y 时（假定 X、Y 均为正），分开价值为 $V(X)+V(Y)$，整合值为 $V(X+Y)$。

此时，如果 $V(X)+V(Y)>V(X+Y)$，说明分开收益更高，也就是说个体偏好于分开体验。一方面，农户具有较深的土地情怀和恋土情结，土地作为他们最重要的家庭实物资产，这种财富来源导致不同的心理账户之间具有不可替代性。土地流转后，农户失去了土地经营权，土地心理账户失去了持续收益保障。另一方面，土地流转期限多为一次性敲定，土地未来收益增值的可能性几乎为零。因为出让土地的农户没有完善的社会保障，所以农户无法体验租金之外的多项收益如土地分红收入、保障收入等。

(三) 社会学理论

1. 可持续发展理论

可持续发展是经济发展与环境保护、人与自然的矛盾发展到一定阶段的产物，是一种崭新的发观。可持续发展是一个内涵极其广泛的概念，完整意义的可持续发展应当是经济、资源环境、社会三个方面可持续性的和谐统一。

资源环境可持续性是资源的永续利用，良好的生态环境是可持续发展的标志。经济的持续发展与有限的自然承载能力相协调，只有保证了资源环境的可持续性，才能使持续的发展具有可能性。第一，生物资源可持续利用，即林业、渔业、水资源等可更新资源的可持续利用。在保证可更新生物资源库稳定的情况下，将获得最大连续生产量作为资源管理目标，而资源承载力大小是实现这一目标的关键。第二，能源可持续利用，尤其是可更新能源的可持续利用。人类急需变革其能源使用方式，能源利用系统应从对可耗竭化石能源依赖型向可更新能源依赖型转变。保证以持续的方式利用可更新资源，使人类的发展保持在地球的承载能力范围之内。第三，环境可持续管理。我们在追求发展的同时，必须保证不对被开发的环境造成难以恢复的损害。这包括：控制环境污染、改善环境质量、保持地球生态的完整性等。

林下经济应用了可持续发展理论，林下经济的目标就是要平衡保护生态环境和实现农民增收的关系，在“双碳”背景下实现林业产业升级与生态文明建设协调推进，生态效益与经济效益协调发挥。没有经济的发展，良好生态建设成果的维持和巩固就会遇到极大的困难，林农生活水平的提高和自身发展就是一句空话。林下经济发展就是要转变牺牲生态环境换取经济繁荣的发展模式，实现生态受保护、农民实现收入增长、环境优化背景下的“双赢”。发展林下经济，寻求生态与经济的协调发展正是社会可持续发展的必然要求。

2. 社会林业理论

1968 年印度林学家沃思洛拜首次提出“社会林业”概念，并在 1978 年的第八届世界林业大会上得到证实确认。大会强调指出：“林业要为农村的综合发展服务，要把林业为基础的活动转变为农村社会经济变革的有效动力”。社会林业在世界范围内的迅速发展和产生的显著影响，引起国际社会的广泛关注。为了适应社会林业在乡村发展的需要，联合国粮食与农业组织成立了社会林业处，并积极开展了发展社会林业的工作。除此之外，世界银行也采取了相应的积极举措，各类与社会林业有关的研究机构与非政府组织相继成立。社会林业的出现作为 20 世纪后期世界林业的重大事件之一，标志着林业的发展开始从传统的生产性林业向社会性林业转移，社会林业成了林业发展战略中不可或缺的组成部分，成为与传统林业并存，共同发展的崭新领域。

发展林下经济具有社会林业活动的两个特征：一是需要群众的广泛参与，二是需要将确保农村发展作为发展林下经济的最终目标。我国社会林业的发展目标是最大限度地发展我国林业生态建设，提高农村地区，特别是老少边穷地区农民的经济收入，这与林下经济是以提高农民收入的目标是一致的。

（四）乡村振兴理论

1. 中国特色农业现代化理论

中国特色农业现代化理论源于马克思、恩格斯的农业发展理论和列宁的合作制思想。毛泽东的农业现代化思想是在马克思、恩格斯和列宁等的理论思想基础上形成和发展而来，并已经成为中国社会主义特色农业现代化发展的理论基础。改革开放以来，党的第二代领导集体从中国农业基本国情出发，开始探索具有中国特色的农业现代化道路。邓小平关于农业“两个飞跃”思想，即废除人民公社制度而实行家庭联产承包制经营制度，充分释放农村生产力和生产关系，由原来的高度集中制向生产经营体制转变，实施土地所有权与经营权分离，以家庭生产为生产单位并确定其经营主体地位，稳定家庭联产承包制度。在第一次飞跃成功的基础上，邓小平提出第二次飞跃，即科技助推农业现代化建设，通过科技进步实现农业生产商品化，促进农业生产社会化、集体化和集约化发展。在邓小平农业现代化理论指导下，政府分别提出了中国特色农业现代化道路，即可持续发展农业现代化思想和中国特色农业现代化道路的思想。

党的十八大以来，党的领导集体对中国特色农业现代化道路提出更高的要求。首次明确农业现代化的要求，即农业现代化是基础。随着中国工业化不断深入和信息化快速发展，中国农业供给侧结构不断改革，中国农业现代化快速推进，农村剩余劳动力不断向城镇转移，农业占国民经济的比重不断缩小，工业化占比逐渐加大，工业生产对农业原材料依赖程度越来越高，对农业产业提出了更高的要求，农业现代化的作用更加凸显。

2. 农村发展理论

（1）不平衡发展理论

不平衡发展理论主要产生于20世纪四五十年代西方关于发展中国家经济

增长模式的论战，其主要代表观点由赫尔希曼（Hirschman）在《经济发展战略》一书中提出，欠发达地区可用来发展的资金和各项资源是有限和稀缺的，应该提高资源利用效率，通过优先发展某一外部效应好的部门（工业和制造业），并通过连锁效应带动其他部门的发展。我国在农村建设过程中也有关于“农业立国”还是“工业立国”的争论，但从历史经验来看，大多数发展中国家在实行工业化赶超战略后均以失败告终，也暴露出该理论的局限性。

（2）城乡二元理论

在改革开放以后，我国农业农村发展的政策思想还主要受到城乡二元理论的影响，该理论模型和主要观点由刘易斯（A. Lewis）在1954年提出，该模型描绘了发展中国家的“二元经济结构”，认为农村由于耕地的有限性和边际生产率的不断递减造成了大量人口过剩，而在城市工业的发展能够以略高于农村收入的报酬不断吸纳农村人口和扩大再生产，从而实现发展中国家的脱贫致富。在此理论的影响下，我国根据现实情况，适时提出了小城镇化建设、发展乡镇企业、发展第三产业来吸纳农村剩余劳动力的政策思想。

（3）内生发展理论

内生发展理论可以追溯到上世纪60年代，其将“政府巨额投资和吸收资金以追求经济的快速增长”的模式定义为“外发的发展”，而“致力于当地资源禀赋，通过保护生态、注重文化和追求可持续发展”的模式定义为“内发的发展”。20世纪80年代开始，内生发展理论逐步拓展到了多个研究领域，其研究中心也从最初的“物”向“人”延伸，直至20世纪90年代，基于内生式发展模式的农业农村发展理论趋于成熟。

3. 乡村转型理论

（1）乡村重构理论

乡村重构理论主要来自20世纪七八十年代西方乡村发展在工业化、城市化进程中，乡村形态、功能和发展要素等方面均发生了持续的重构（Howard，1986），并转型进入“乡村复兴”发展时期。Marsden（1987）等学者提出了乡村重构理论，并将乡村重构视为乡村转型的必要中间过程。乡村重构理论的主要观点为，乡村是由资源禀赋、区位交通、社会经济、文化传承等多个要素构成的开放系统，并通过与外源系统物质、元素的不断交换和优化配置，实现乡村在生产、生活、生态等方面功能的协调演化和重构。

（2）系统突变论

系统突变论一般认为是在20世纪60年代末由勒内·托姆提出，该理论揭示了系统自组织演化的途径具有多样性，用于发现事物从原点跃迁到另一种状态的“突变”。突变论认为，转型应该是乡村各维度的根本性调整，具有非线性特征，其中演进或变迁的过程只是转型的必要条件，是由量变到质变的过程。乡村变迁过程主要表现为乡村系统对外部环境冲击的适应和调整，当内部系统和外部环境通过交互协同并到达临界值时即会引发乡村的跃迁式发展和转型。

二、健全我国的林下经济推动农民增收的作用机制

（一）资金扶持机制

农户进行林下生产经营普遍存在融资难的问题，林下经济生产周期长，资金周转慢，生产的前期资金缺口大、投入有限，后期投资不足缺乏发展动力甚至难以为继。资产总额和资金的可持续性投入，对发展林下经济具有重要影响，而融资恰恰是困难的事情。因此，拓宽融资渠道对于提高农户的林下经济经营效率具有重要作用。拓宽融资的渠道可以从以下三个方面着手。

第一，将发展林下经济纳入产业结构调整、生态文明建设、美丽乡村建设、乡村振兴等项目的资金支持范围。为林下经济发展争取部分建设资金，主要用于完善基础设施、经营补贴等事项，优先推动发展地方优势特色产业。地方政府应积极争取国家和省市级财政补贴，对典型组织或农户给予额外的补贴奖励。

第二，完善和规范承包、转让、租赁、转包等土地流转利用形式，让森林资源转变为产业基地。利用乡村振兴产业发展资金，稳步建立起政府引导、

平台支撑、社会多主体参与、农户经营等多元协同投入机制。完善林下经济发展的资金融通机制，让林区农户获得林下经济启动资金和技术支持，增加林地的资金和技术投入，加强林间管理，提高林下经济经营效率。

第三，政府应同当地农商行、农业发展银行等金融机构加强联系，对林农小额贷款项目提供调研分析服务，深挖项目现金流，并做出一定的担保，联动银行量身定制金融服务方案，结合国家政策，积极与银行方面沟通，在办贷通道、资金管理支付、账户监管方面给予适当差异化的政策，并积极争取以获得较低的林业贷款利率，为林农提供切实方便的便利条件，同时也应该盘活社会资本，加大在社会面对林下经济的宣传，调动一切可能的资源将源头活水引入林下经济的发展当中。图 4－1 是林下经济补偿机制及资金扶持的机制，是对上述理论分析的进一步总结。

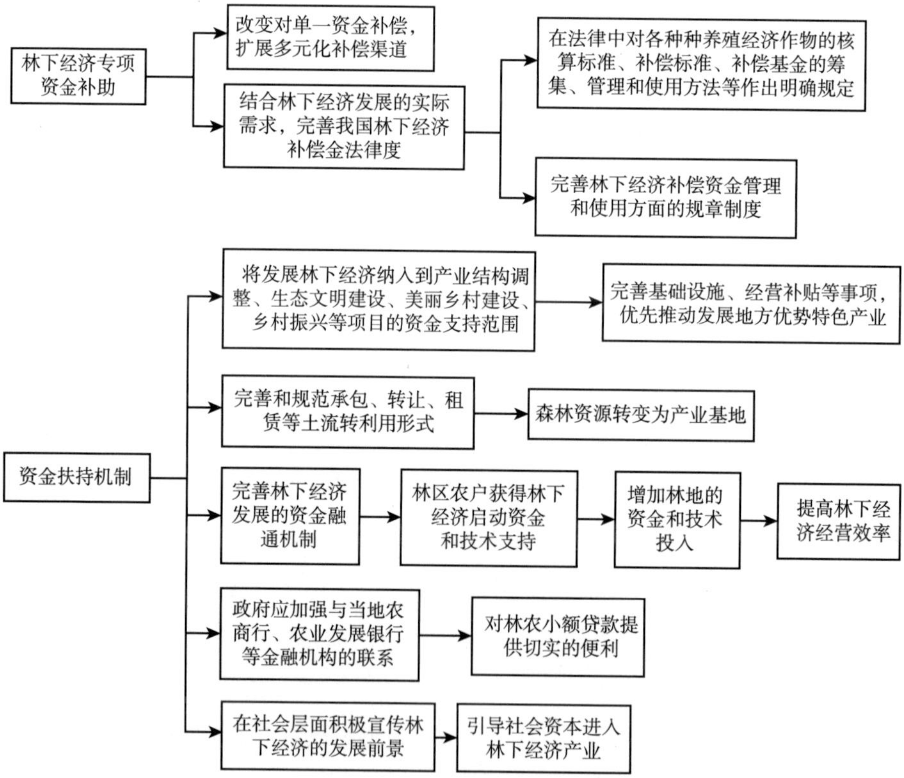

图 4－1　林下经济补偿机制及资金扶持机制图

（二）科技引导和人才引进机制

科学技术是推动现代生产力发展中的重要因素和重要力量，发展林下经济对科学技术有一定的要求，因此要加强科技水平的支撑作用。同时林下经济的发展涉及了各行各业，需要众多部门的联合支持、协调和服务。目前发展林下经济仍然有非常多需要解决的种植、养殖等方面技术问题。因而，有关部门应加强科技投入，建设相关信息服务平台，对林农开发项目进行科学引导，对其经济效益予以保障。

紧密与高校、科研单位的联系，共同克服林下经营的技术难关，成立专门为林下经济服务的技术团队，聘请知名专家教授成立专家组，定期指导。另外，要重视对林农的技术培训，普及林下经济的实用技术，培养出一批有文化、有经验、懂技术的种植、养殖能手，以提高林下经济的技术效率，增强辐射范围，带动其余广大林农共同致富。还要对已有的模式进行改进与优化，提高综合效率，支持鼓励综合效益高的发展模式。同时，加强科学技术的转化效率，根据当地林下经济的特色，发展林下产品采集和加工、深加工等模式，形成完整的产业链，提升林下经济的附加值。

2020 年“中央一号文件”指出，要推动人才下乡，培养更多知农、爱农，愿意扎根乡村的人才，推动更多科技成果应用到田间地头。因此，提升经营主体负责人及成员的农业科技素养和引进年轻农技人才对提高林下经济的经营效率有重要意义。所以扩大人才引进规模，建立创新引进人才机制，也将给当地林下经济的发展注入新的活力，带来新的机遇。林下经济补偿机制中科技引导和人才引进机制见图 4－2。

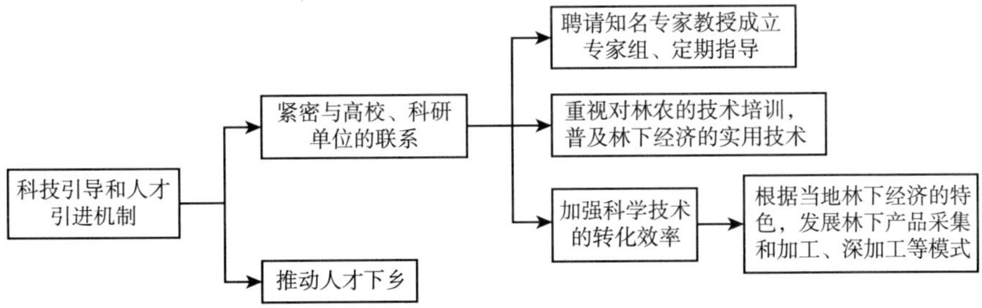

图 4－2　科技引导和人才引进机制

（三）市场机制

随着社会经济的发展，发展林下经济是满足社会需求，增加林农收入，有效加快生态林业发展的重要方式。为了更进一步拓展林下经济快速发展的增收途径，使林下经济成为推动林业经济和生态效益双发展的有益补充力量，就要进一步健全和完善市场机制。

第一，加快培育各个地区与林下产品相关的龙头企业，积极开拓相关市场，发扬其示范作用。集中优势资源以及有限的资金，创立专业技术好、经济实力雄厚、管理方法先进、市场适应能力强的地方龙头企业。这不仅能够提高当地资源利用效率，还能有效保证林下产品质量。同时可以有效加快林下产品的流转速度，能够在为当地居民就业、增收等方面发挥重要作用。一般来说龙头企业相较于其他经营组织而言具有较高的科技水平，可以协助其他组织实现现代化的种植、养殖，延伸产业链条，创造出更多的林下产品附加值。针对这样的龙头企业不仅要在税收方面，更应在各项政府补贴以及财政专项扶持等方面给予优惠政策产品最终要走进市场。林下经济产品的市场占有率与产业发展息息相关，林农与农村林业合作社这两类组织，实力相对较弱，市场风险承受能力低，在争夺市场份额时往往没有优势，所以需要当地龙头企业打开市场。

第二，有序推进与完善林下经济企业以及产品市场的准入制度。紧扣产品质量观，对口相关产品质量认证的政策与管理方法，坚守产品质量安全底线，同时需要创新行业监管模式，促成多元共治、分级分类监管模式的形成，促进林下经济市场良性发展，也应聚焦林下经济企业“急难愁盼”的问题进行业务指导，稳步推进林下产业标准化与规范化的进程。首先要把好质量关，产品质量是消费者最关注的点。其次要有合适的定价，定价的前提是产品质量，根据产品质量做出市场定位。最后要做好宣传策划、营销工作，在保证产品质量的前提下扩大知名度，以占领更多市场份额。

第三，建立林下经济发展所需的资金、人才、技术等要素市场。鼓励利用互联网平台，加强市场信息收集整理与分析，及时调整生产结构和服务项目，提高抵御市场风险的能力。同时利用互联网平台要做好宣传策划、营销工作。同时，积极组织农户参加各种技术培训，提高农户对林下经济政策的认知和了解程度。强化农户对于绿色经营技术的掌握，提高农户可持续生计能力，最终促使农户形成生态环保的绿色生产经营方式，优化农户的生态经营行为。

第五章

我国林下经济发展对农民增收的实证分析

本章主要从全国、县域和农户三个层面进行发展林下经济对农民增收影响的实证分析。首先，利用中国统计年鉴宏观数据库，对林下经济发展相关指标进行分析。其次，选取了南方集体林区代表省份——福建省中具有代表性的5个县作为实例，在县域层面进一步深入研究林下经济的发展模式。最后，通过问卷调查形式对调研区域农户进行实地抽样调查，从微观层面分析我国林下经济对农民增收的作用。

一、我国林下经济发展现状

林下经济主要指以林地资源为依托，涉及生产、加工、制造、旅游等第一、第二、第三产业，发展林下种植、林下养殖、林下产品采集加工和森林景观利用等立体复合生产经营模式。近年来，发展势头迅猛的林下经济对农户、林业以及生态带来了众多积极影响，出售林下经济产品有利于农户增收，从而进一步提高农户营林积极性。林下经济建立起了协调统一、可持续发展的生态模式，林下经济的发展也加快了林业产业结构调整，有助于巩固我国新一轮集体林权制度改革的成果。

林区、山区和沙区是我国巩固脱贫攻坚成果的重点区域，我国大部分贫困县位于这些区域。因此要以这些地区的自身情况为依托，开发优势资源，实施因地制宜的政策，实现地区可持续发展。然而传统林业的培育周期长、营林风险大，这是降低农户投入积极性的一大因素，也进一步阻碍了农户依靠林地致富的途径。而林业特色产业和林下经济则是解决这一难题的重大突破口，不仅可以使贫困地区农户“靠自己”富起来，为农户创业就业提供机会，提高农户的自我发展能力，也能促进生态环境协调稳定以及培育一批具有地方特色的林业产业。而示范基地是发展林下经济的一个重要途径，在示范基地中培育出了一批林下经济产业加工特色产品，农户参与示范基地的农户积极性较高，有助于稳定农户的增收效应。贫困乡镇、贫困村的特色产业增加值在林下经济发展的带动下使其得到明显提升，巩固了脱贫攻坚成果，打造了一批具有地方特色品牌产品，有助于林业产业结构优化和林业经济发展方式优化，推进了林业供给侧结构性改革同时进一步推动了林业现代化高质量发展。从总体上看，林下经济在维护生态环境、实现精准扶贫、带领贫困地区农户致富以及促进林业发展等方面都具有深刻的意义。

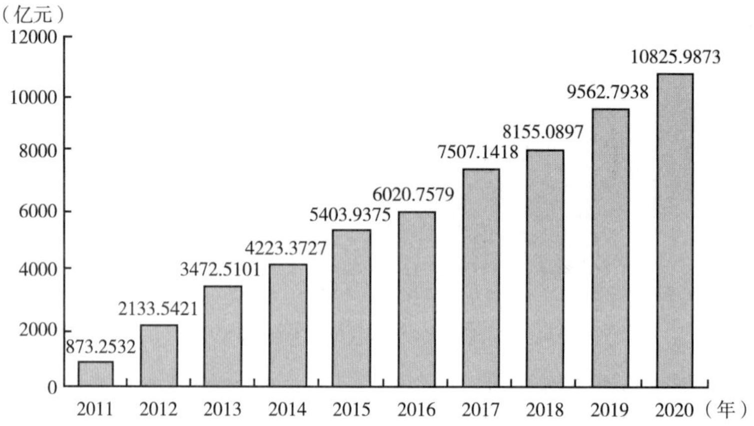

图 5－1　2011—2020 年我国林下经济总产值

数据来源：中国林业统计年鉴 2012—2017，中国林业与草原统计年鉴 2018—2020.

图 5－1 是 2011—2020 年我国林下经济总产值，由图 5－1 可以看出，从 2011 年到 2020 年的全国林下经济总产值变化趋势，林下经济的总产值逐年增加且增幅较大，实现近 873 亿元到 1.082 万亿元的飞跃，2020 年林下经济产值比 2019 年增长约 13%，发展规模不断壮大，有非常广阔的发展前景。

由国家林业局出台的《全国集体林地林下经济发展规划纲要（2014—2020 年）》中明确指出林下经济发展需要建立特色林下经济示范基地，重视龙头企业的带头作用，形成“龙头企业＋专业合作组织＋基地＋农户”此类外部带动、内部推动的生产模式。发展林下经济也需要培养一批高水平人才，在提高参与农户数量的同时也应加强劳动力的素质。还要注重林下产品流通领域的建设，需进一步完善林下产品市场流通体系、建立健全林下经济产品质量安全监管体系与标准检测体系，以提升产品质量、增加林下产品经济附加值、提高产品市场认可度，进而打通林下经济产品国内国际市场流通渠道，促进林下经济产品的消费。为进一步巩固脱贫攻坚成果，促进林草事业发展，国家林业和草原局于2021年12月颁布《全国林下经济发展指南（2021—2030）》以推动林下经济的现代化高质量发展，指出林下经济经过多年的发展已取得突出的成就，全国林下经济规模逐渐扩大，林下经济总产值持续增长以及林下经济从业人数不断增多。林下经济可以促进农户就业与收入增长，有效带动农村地区人口实现共同富裕。林下经济示范基地经济效益较高，具有明显的示范引领作用。

当前地方政府对林下经济在金融、科技、林地资源等方面的扶持政策也不断完善。虽然林下经济的发展已取得初步成果，仍存在着林农积极性较低、林下经济产业与其他产业融合度不高、品牌建设度不够、科技支撑不足以及发展资金短缺等问题。对此，《全国林下经济发展指南（2021—2030）》进一步强调了品牌建设的重要性。第一，要建立标准化生产体系以保障产品质量，推进林下经济产品进行农产品地理标志、绿色食品、有机农产品、森林生态标志产品认定，根据地方特色打造具有市场影响力的林下经济产品品牌体系。第二，要加快壮大林下经济新型经营主体规模，引导主体集中形成区域集群发展。重点培育一批林业龙头企业，支持其在适度规模经营的前提下开展林地林木代管、提供专业化服务、延伸产品产业链条。第三，要从优化传统市场、拓展线上市场、畅通物流体系三个方面推进高效市场营销对接体系、产品流通体系的构建。第四，要加快落实林下经济示范基地建设，使林下经济示范基地的数量实现明显增加，并对基地实行动态监管机制，以保证林下经济高质量发展。在保障体系方面，地方政府要加大财税支持的力度，扩大财政补贴范围，落实税收优惠政策，给予创业扶持政策和控制农业生产用电价格；要构建“政府+银行+企业+农户+保险”的政府引领、银行支持、企业发展、农户积极、保险保障五位一体的贷款模式，解决林农融资问题。要拓宽企业融资渠道，通过发布债券等多种方式获得资金；还要加大宣传森林保险，尤其是针对林下经济产业特点研发专属的保险产品。

表 5－1　　2011—2020 年各省份及地区林下经济总产值　　单位：亿元

地区	省份	2011 年	2012 年	2013 年	2014 年	2015 年	2016 年	2017 年	2019 年	2020 年
东部地区	北京	1.1435	1.5084	1.7485	2.2336	1.2716	1.2996	1.3695	4.6400	1.5735
	天津	—	0.2460	0.2160	0.4212	0.1479	0.1650	—	—	—
	河北	5.9992	33.5036	37.9961	35.7986	37.7528	33.2501	32.2526	20.5323	20.1507
	辽宁	30.7233	124.9473	60.7895	107.9200	69.8867	70.0353	25.7871	16.4219	24.0123
	上海	—	0.7108	0.7200	0.0452	0.0277	0.0279	0.0144	0.0303	0.0282
	江苏	17.4781	26.1921	42.5219	41.0934	34.1452	45.5332	42.6235	53.3899	102.3082
	浙江	43.6626	684.4576	674.7202	873.7591	1497.7113	1322.2837	1302.2650	2171.0626	3435.0706
	福建	16.5964	61.9650	218.7881	360.1939	388.1523	459.9555	407.4718	493.3700	520.7683
	山东	181.2392	186.0048	273.5980	281.6635	275.1034	273.7658	270.7243	175.6482	127.1644
	广东	15.7390	8.5381	19.2199	37.6408	28.0573	50.2506	95.7873	252.3156	177.2191
	海南	1.3364	12.7117	61.5132	23.2975	22.4974	30.9028	32.1197	25.8240	23.0377
中部地区	山西	—	—	1.3115	0.6886	1.8739	1.8289	1.5506	0.8986	0.8432
	吉林	66.8328	103.9496	132.8656	114.8779	178.3924	231.6969	86.9488	93.4353	76.4853
	黑龙江	4.5440	40.3039	235.6338	182.6591	281.2842	458.7792	500.9869	472.7373	409.5214
	安徽	49.9594	107.9958	148.5060	180.8359	210.5187	239.1030	266.3237	322.9128	337.4057
	江西	59.3076	56.9190	154.2417	165.1928	179.1438	193.5485	1533.2310	2033.7660	2101.6806
	河南	15.5917	35.4513	80.5284	157.6021	179.5198	217.2808	259.5695	176.0995	181.9032
	湖北	49.5952	25.8334	50.7683	57.1137	77.4340	210.9625	348.1166	591.7892	569.1589
	湖南	21.8906	44.0748	108.0886	162.1420	223.6158	282.5603	309.4660	383.3292	357.1634
西部地区	内蒙古	1.0072	23.8616	28.5898	40.8021	41.8133	4.6977	50.5187	46.9015	38.3072
	广西	229.0223	334.1613	422.4753	576.8347	665.0298	798.4483	880.4403	1144.3904	1235.4173
	重庆	16.2966	29.0297	43.7102	50.4984	60.1962	68.4314	86.7111	66.6680	78.0086
	四川	19.2557	107.0598	473.2371	525.3800	605.1124	621.5124	633.2059	600.9148	319.1959
	贵州	9.2696	9.5602	29.0979	24.1120	52.0840	86.2376	57.7108	112.7914	408.5274
	云南	7.0598	25.2964	98.9177	136.6419	176.7419	146.4070	145.9234	186.0598	189.8437
	西藏	—	—	0.0500	—	1.5144	—	—	0.0100	2.3978
	陕西	2.7247	26.0373	31.2228	28.0725	59.1149	64.2128	61.7356	50.8831	40.4211
	甘肃	0.1830	4.9420	13.7679	21.0024	24.5881	36.3793	48.8825	41.3154	38.9097
	青海	—	—	—	0.0938	0.0410	0.0280	0.0144	0.0280	0.0010
	宁夏	—	0.7212	0.5543	0.5380	0.7440	0.8853	0.9921	1.3866	2.1356
	新疆	0.8754	2.3594	2.8219	5.7800	7.3501	4.0089	4.9247	1.6122	1.2559

数据来源：中国林业统计年鉴 2012—2017，中国林业与草原统计年鉴 2018—2020.

表5－1是2011—2020年我国各省份及地区林下经济总产值。从表5－1数据可以看出，截至2020年，大部分省份的林下经济总产值都为上升趋势，且上升幅度都较大。但也有少数省份的林下经济总产值较为波动，有增有减，比如天津、海南、山西和宁夏。其中，林下经济发展最好的几个省份是：福建、浙江、黑龙江、山东、广西、吉林、安徽和江西等，它们所创造的总产值远远高于其他地区，这与它们所在的地理位置、政策支持和技术开发等条件有关。三省森林资源丰富，适宜发展森林旅游项目以及培育林下经济产品如林下种植菌类、林下中草药和林下养殖类等。浙江全省共有中药材超过2000种，位于全国前列。浙江湖州的安吉县拥有百万亩竹林，被誉为“中国竹乡”，各市县也对林农培育林下经济产品进行财政补贴，提高林农生产经营的积极性。江西省油茶林面积于2021年底达到306万亩，获得了7000万元的财政补助。广西地处云贵高原、多山地，拥有1593万公顷的林地面积，林业用地占区域面积的64%，因此广西致力于林业的发展，重视编织工艺品等采集加工产品。当然，在其他省份的林下经济势头较好的时候，也有地区出现林业经济总值骤减的情况，比如上海和青海。上海是中国的经济中心，又处于沿海地区平原地带、山地少，不利于发展林下经济，且上海经济发达，主要发展的是第三产业；而青海气候较为恶劣，林下经济发展较为困难。

表5－2　2011—2020年东部地区、中部地区及西部地区林下经济总值情况表

单位：亿元

年份＼地区	东部地区	中部地区	西部地区
2011	313.9177	267.7213	285.6943
2012	1140.7854	414.5278	563.0289
2013	1391.8314	911.9439	1144.4449
2014	1764.0668	1021.1121	1409.7558
2015	2354.7536	1331.7826	1694.3301
2016	2287.4695	2657.5504	2128.8176
2017	2210.4152	3306.1931	1971.0586
2018	2730.6107	3276.1898	2128.8176

续表

年份＼地区	东部地区	中部地区	西部地区
2019	3213.2348	4074.9679	2252.9612
2020	4431.3330	4034.1617	2354.4212

数据来源：中国林业统计年鉴 2012—2017，中国林业与草原统计年鉴 2018—2020.

表5－2是我国2011—2020年东部地区、中部地区及西部地区林下经济总值的情况。图5－2是我国2012—2020年东部地区、中部地区及西部地区林下经济总值的图形直观展示。2011—2020年，东部地区、中部地区和西部地区林下经济总产值都呈上升趋势，且上升幅度大，西部地区2020年的产值是2011年的8倍，东部地区为14倍，中部地区为15倍。近几年，中部地区的林下经济发展最好，其中2017年实现了80%的大幅增长，不论是总产值数额还是上升幅度，都高于东部地区、西部地区。

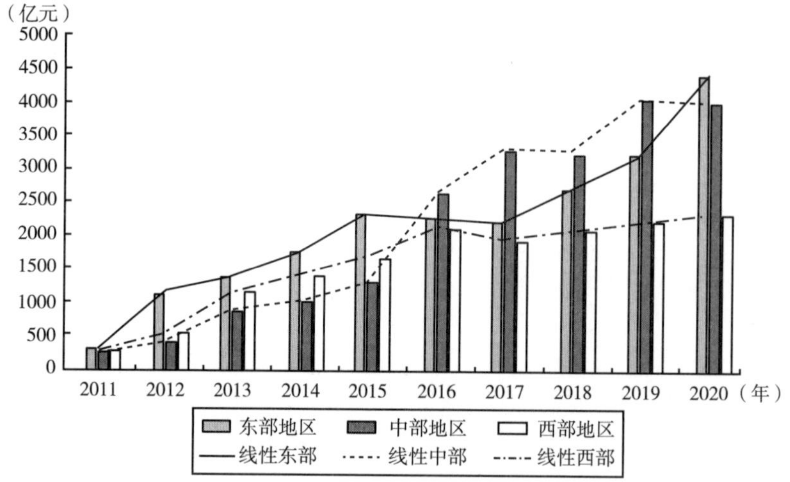

图5－2　2012—2020 东部地区、中部地区及西部地区林下经济总值

二、福建省林下经济发展分析

位于亚热带地区、地处我国东南沿海的福建省，阳光充足，雨水富足，河流丰富，气温适宜，年平均温度适中，在17℃~20℃，年平均降雨量富足，为1400~2000毫米。福建省全省总面积的80%以上被山地与丘陵覆盖，自古被誉有“八山一水一分田”，是南方集体林重要示范区之一，森林资源丰富，更是中国的六大林区之一。福建省森林覆盖率与植被生态质量均居全国榜首，十分适合林木、农作物、花卉和中药材等植物生长。自古以来，由于福建省得天独厚的地理条件，森林资源一直极其丰富。截至目前，福建省已建成176个森林公园，其中国家级别的公园数量达到30个，省级森林公园数量达到126个，县级森林公园也有20个。至今，福建省利用自身资源优势并到绿色发展模式，三明、福州等6个城市成为国家森林城市，而且创建的省级森林城市（县城）数量高达43个；福建省所建成的国家湿地公园有8个（其中试点公园数量为6个）。良好的生态环境产生了巨大的生态效益，也作为旅游资源为发展森林景观利用提供了良好的基础，得天独厚的水热条件和丰富的森林资源都为福建发展林下经济提供了便利。

福建省在我国新一轮集体林权制度改革中是先行者之一。2002年，为福建省在全国率先发布了《关于推进集体林权制度改革的意见》，在全国率先开展了以“明晰所有权、放活经营权、落实处置权、确保收益权”为主要内容的集体林权改革。在该意见中被明确赋予“以产权制度为核心的林业产业改革”着力点的地位，林农生产积极性被充分调动，林农创新精神得到有效激发，在全国集体林权制度改革中起到了典型示范作用。此后，福建省委省政府又陆续发布了相关文件，为发挥改革效益、进一步推动林下经济的发展指明了方向。从2012—2017年，福建省陆续发布多项政策支持林下经济的发展，以开展林权抵押贷款改革、发放省级专项资金等方式为林农提供资金帮助；并针对当前发展现状，提出着重发展森林旅游，积极创建地方性品牌的整体规划。随着“森林人家”和“森林康养业”等特色旅游项目的不断落实与发展，福建省政府的对其的重视程度也逐渐加深，并且政策方向也向着更加适宜当前发展阶段的调整。

近年来政府推动“森林人家”和“森林康养业”的政策情况：在2012—2018年福建省政府支持“森林人家”项目的发展；在2018—2020年进阶为培育“森林人家”等特色旅游项目的发展；2020年至今，“森林人家”等特色项目，根据省政府指示开始步入大力发展阶段。2012年林下经济特色项目

"森林康养业"进入发展阶段，福建省政府出台政策表示支持"森林康养业"的发展；2012—2020年，森林康养业发展态势良好，且由于"绿色发展"的实行，使政府对于林下经济绿色项目的发展重视程度愈发加深，福建省林业局等五部门联合发布《关于加快推进森林康养产业发展的意见》，提出依托森林生态景观资源，建设一批设施齐备、产品丰富、管理有序、服务优良的森林康养基地。同时，政府对于龙头企业的支持也随着其发展逐年攀升，龙头企业的成长，立足景色优美的森林景观、宜人舒适的森林环境，实现森林生态资源与医疗卫生、养老服务等多个方面的纵深融合发展。具体体现在以下三个成长阶段：2018—2020年，龙头企业项目的发展处于萌芽阶段，政策方向为扶持龙头企业的发展。2020—2021年，龙头企业项目处于成长阶段，政策方向进阶为培育龙头企业的发展，龙头企业在该阶段逐渐成熟。2020年至今，龙头企业项目中各方面发展均趋于成熟，潜在经济效益明显，规模经济与品牌效益的收益进一步可视化，福建省政府稳定推进龙头企业规模的持续壮大发展。在金融资金方面，为引导社会资本积极投入林业，给林下经济发展注入经济活力，2018年政府落实林业投融资政策，推广一系列林下金融产品，引导资本注入。2020年，福建省政府积极推行森林资源资产融资新途径，推进投融资体制改革，推动林下经济各个阶段的发展。2022年，中国人民银行福州中心支行与省林业局、省财政厅、省自然资源厅、省金融监管局等7个部门联合制定的《关于持续优化福建省林业金融服务的指导意见》发布。《指导意见》围绕加大林业发展重点领域和地区金融支持、丰富林业金融产品服务体系、提升金融机构专业服务能力、强化林业金融外部配套保障等四方面提出18条指导意见。为林业经济的发展保驾护航。为福建省发展林下经济相关政策的梳理和展示见表5-3。

表5-3　　福建省发展林下经济相关政策

年份	名称	主要内容
2012	《福建省关于加快林业发展的若干建议》	重点扶持23个省级扶贫开发工作重点县。鼓励林下经济产品品牌创建及标准化建设，支持森林康养业发展和森林公园建设。继续开展"森林人家"评星授牌，通过开展森林生态旅游，带动林农增收，实现"不砍树，也致富"。

续表

年份	名称	主要内容
2016	《福建人民政府办公厅关于持续深化集体林权制度改革的六条通知》	允许生态公益林所有者将未来的生态效益收益权质押，用以发展林下经济等产业。
2017	《福建省人民政府关于深化集体林权制度改革加快国家生态文明试验区建设的意见》	科学发展林下经济，积极创建地方性品牌。
2017	《福建省省级财政林下经济专项资金管理办法》	省财政从2013年起连续3年，每年安排3000万元用于扶持林下经济发展，重点对发展林药、林禽、林菌、林蜂等林下种植和养殖业予以补助。省林业厅将会同省财政厅按照国务院和省政府发展林下经济的相关政策，确定每年林下经济的扶持重点。
2018	《福建省林业厅办公室关于印发2018年全省林业工作要点的通知》	加快绿色富民产业发展，获得更多的政策、项目、资金等支持。落实森林综合保险引入市场竞争机制和林业投融资支持优惠政策，推广“福林贷”“惠林卡”等普惠林业金融产品，引导社会资本积极投入林业。扶持林下经济科学发展，促进山区林区农村经济发展和农民增收。抓好林业品牌建设，不断提升品牌林产品的规模化、专业化、标准化水平。
2018	《福建省林业厅关于省十三届人大一次会议第1101号建议的答复》	大力扶持林下经济发展。2013年以来，省级财政共投入4亿元扶持林下经济发展，福建省林业厅还编印了3500册《福建省林下经济实用技术手册》下发基层，指导各地加快推进林下经济发展。
2018	《福建省林业厅关于省政协十二届一次会议20181156号提案的答复》	2015年开始实施竹材（笋）精深加工示范县项目，2015—2018年，共下拨2亿元省级财政资金补助笋竹精深加工示范县项目建设，2015—2017年共实施182个项目，总投资达到12.01亿元。项目的实施使得竹加工产业链延申，竹山效益显著，农民收入实现了几倍甚至十几倍的增长。此后发展将更加注重竹山大开发，同时培育“森林人家”等特色旅游项目，驱使企业与农民经济共同增长。
2018	《福建省林业厅关于开展质量提升行动加快建设福建现代林业的通知》	推进林产品标准化生产，鼓励企业快速响应创新和市场需求。加大林业品牌培育力度，扶持林业龙头企业发展，大力发展特色林下产品经济。

续表

年份	名称	主要内容
2019	《福建省林业局关于加快林下经济发展八条措施的通知》	产业发展方面，加快推进林下经济绿色发展，科学推动林下经济规模化、标准化、产业化发展，到2022年，力争全省林下经济利用面积达到3000万亩、产值达到2000亿元、带动农户100万户、就业100万人；财政拨款方面，2019—2022年，省级财政每年安排专项资金，采取“先建后补”方式支持林农以及林业专业合作社、家庭林场、等经营主体发展林下经济特色产业。下达7000万元专项资金，扶持推进林下种植、林下养殖、林下产品采集加工等林下经济发展。各地通过科技对接、组织培训、重点扶持、调整模式等进一步助推林下经济发展。截至2019年底，全省林下经济利用面积达到3038万亩、产值690亿元；产品交易方面，支持林下经济特色优势产区建设产品交易市场和物流配送中心，建立林下经济产品直采直供机制，畅通林下经济产品销售渠道；发展特色上，鼓励创建特色品牌，到2022年全省推动创建各类林下经济品牌10个，省级财政给予每个品牌一次性补助30万元；税收与资金融通上，林下经济企业拥有应知尽知、应享尽享各项税费优惠政策，政府引导社会资本投入发展林下经济，该举有助减轻林下经济企业负担，推动林下经济做大做强。
2020	《福建省林业局关于加快推进森林康养产业发展的意见》	大力发展“森林人家”，实现生态与经济共同发展。鼓励有条件的村庄，建设康养型森林人家特色村，打造森林康养小镇，实现林农不砍树，卖“空气”良性发展经济。培育一批具有较高知名度和市场竞争力的森林康养龙头企业与知名品牌。
2020	《福建省林业局关于省十三届人大三次会议第1125号建议的协办意见》	通过加大政策扶持力度、强化用林用地保障和拓宽投融资渠道等政策措施，对全省各地包括三明市发展森林康养产业给予支持。鼓励依托竹林资源优势和竹林生态景观资源，开发竹观光、竹保健、竹体验、笋美食等竹生态特色旅游产品，加快促进当地森林康养产业发展。对符合贴息条件的森林康养项目福建林业局将积极争取中央财政贴息支持。
2020	《福建省林业局关于省政协十二届三次会议20201229号提案的答复》	积极推行森林资源资产融资新途径，按照资源变资产、资金变股金、农民变股东农村“三变”改革要求，积极推进林业投融资体制改革。截至2019年末，全省累计发放“闽林通”系列贷款69.84亿元，受益农户6万多户。下一步将完善各地“闽林通”系列林业金融创新成果，推进“闽林通”系列林业贷款增量拓面，更好地实现“生态美、百姓富”有机统一。

续表

年份	名称	主要内容
2020	《福建省林业局关于省政协十二届三次会议 20201079 号提案的答复》	进一步加快培育新型林业经营主体，促进林业规模经营；扶持林下经济发展，促进农民增收。落实林业贷款贴息政策，为林农发展林业提供有力的金融支持，推进林业高效经营。
2021	《福建省“十四五”林业发展专项规划的通知》	扶持林下经济产品产地初加工和精深加工，加强产业联盟、产业集聚和品牌建设，支持生物质能源、生物制药等产业发展。截至 2025 年，林下经济利用面积达到 200 万公顷，产值达到 1000 亿元。大力推进林下经济等惠民产业，加大品牌培育力度，壮大龙头企业和产业集群，加快构建生态产业化的林业生态经济体系。创新金融机构、发展电商网络、加紧与周边国家贸易联系，使林下企业融资便利化、扩大林农销售渠道。
2022	《福建省林业局关于省政协十二届五次会议 20221042 号提案的协办意见》	加大力度发展林下经济，2021 年全省林业产业总产值 7020.6 亿元，位居全国前列，56 个集体林业重点县中，涉林收入占农民可支配收入比重超过 20%。创新合作营林模式，推动林场与村集体、林农结成利益共同体，既解决“单家独户怎么办”问题，又能够提升森林资源质量，还能够盘活森林资源资产，增加村集体和林农收益。完善林下经济金融融资与保险机构，便于争取开放性贷款，保证林业经济健康发展。

数据来源：福建省林业厅网站。

根据福建省《集体林地林下经济发展规划纲要》，泰宁县和将乐县为林药模式发展重点区域，泰宁县和顺昌县是林菌模式发展重点区域。顺昌县是林花模式重点发展县；长汀县是林禽模式重点发展县；长汀县和将乐县是林蜂模式重点发展县；永定县和泰宁县是林下采集及加工重点县，也是森林景观利用重点发展县。表 5－4 为福建省五县林下经济重点发展模式的梳理。从表中可以看出，这 5 个县发展重点及方向各有不同。

表 5－4　　　　福建省五县林下经济重点发展模式

县市	林下经济模式
长汀县	林下养殖（林蜂模式、林禽模式）
将乐县	林下养殖（林蜂模式）　林下种植（林药模式）

续表

县市	林下经济模式
泰宁县	林下种植产业（林药模式、林菌模式） 林下养殖（林蜂模式） 林下采集及加工 森林景观利用
永定县	林下采集及加工 森林景观利用
顺昌县	林下种植（林菌模式、林花模式）

福建省由于具有优良的森林资源和地方政策的扶持，与全国其他地区比较，发展林下经济具有一定优势，其中林下种植和林下采集与加工产业在全国总产值位居第一。同时，林产品采集生产加工产业与林下种植产业也占据着福建省全省经济生产总值的较高比例。

当前福建省各地区间林下经济发展效率不一，在选取的5个样本县中，将乐县和泰宁县发展林下经济较早，同时是全国发展林下经济的优秀地区，选取的林下经济发展模式都比较适合，在四种林下经济模式中，都有重点发展的模式，因此投入产出效率较高。长汀县和永定县应当适当改变当前林下经济发展结构，将资金、劳动力等资源投入其他方面。顺昌县虽然林下经济规模报酬呈递增状态，说明当前林下经济模式比较适合，因此顺昌县政府应当鼓励林农增加要素投入，以便达到更高的生产效率。

综上所述，福建省各地区的林下经济发展模式不一水平不均衡，围绕“社会得保、林农得利”对于规模报酬递减且纯技术效率低下的林下经济产业，政府相关部门应该缩减现存林下经济产业的规模，探索其他类型的林下经济模式。对于规模报酬递增的林下经济产业，可适当增加投入。

三、宁夏回族自治区农户发展林下经济的实证分析

前文首先从宏观层面分析了全国林下经济的发展，从整体上了解到我国目前林下经济发展的总体情况。然后选取了福建省进行分析，在县域层面对林下经济的发展模式进行了深入研究。最后深入到农户层面，探究农户参与发展林下经济的基本情况，本书主要选取了宁夏回族自治区和辽宁省开展调

查研究。

选取了宁夏南部山区6个国家级贫困县（区），包括原州区、彭阳县、西吉县、隆德县、泾源县、海原县，开展座谈交流和农户问卷调查，了解6县（区）林下经济发展现状以及农户参与发展林下经济的基本情况，收集农户问卷442份。具体分析如下：

（一）农户家庭特征与林下经济收入的实证分析

1. 户主文化程度与林下经济收入的分析

从户主的受正规教育年数与农户家庭各项林业收入的模拟趋势线可以看出（见表5－5与图5－3），在林下经济方面，林下种植呈现出随户主受正规教育年数的增加而增加的趋势。如在户主受正规教育年数为6年以下时，户主家庭的林下种植收入只有1286.64元；而户主受正规教育年数在6～9年时，其家庭林下种植收入增加到1450.35元；户主受正规教育年数在9年以上时，林下种植收入大幅增加至4132.36元。林下养殖收入随户主受正规教育年数呈现出先减少后增加的趋势，在户主受正规教育年数为6年以下时，户主家庭林下养殖收入为1299.82元；户主受正规教育年数在6～9年时，户主家庭的林下养殖收入稍微减少至1155.53元；而户主受正规教育年数在9年以上时，户主家庭的林下养殖收入增加到2210元。采集加工收入随户主受正规教育年数的增加而增加，在教育年数在6～9年时达到最大值1722.97元；但当受教育年数在9年以上时，反而减少至1192.57元。景观利用的收入随户主家庭受教育年数的增加变化不明显，收入数值较为均等。总体来看，林下经济收入随农户家庭受正规教育年数的增加而增加。

表5－5　2016年户主文化程度与林下经济收入结构　　单位：元

受教育程度	林下经济收入	林下种植收入	林下养殖收入	采集加工收入	景观利用收入
6年以下	3898.85	1286.64	1299.82	117.70	1194.69
6～9年	5342.17	1450.35	1155.53	1722.97	1013.32

续表

受教育程度	林下经济收入	林下种植收入	林下养殖收入	采集加工收入	景观利用收入
9 年以上	8686.36	4132.36	2210.00	1192.57	1151.43
平均	5975.79	2289.78	1555.12	1011.08	1119.81

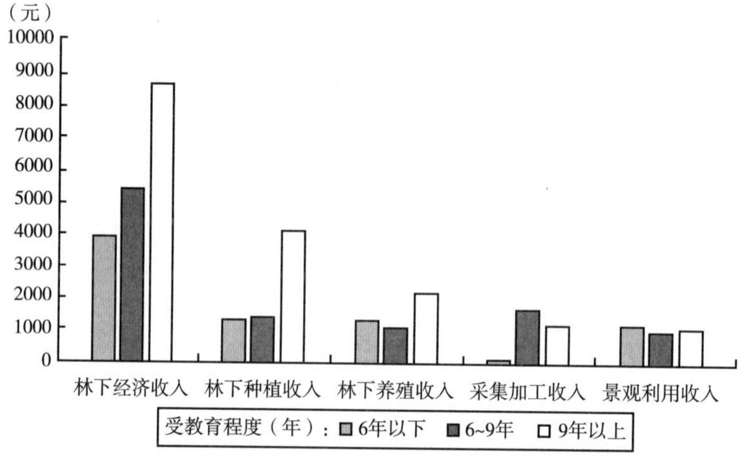

图 5-3　2016 年户主文化程度与林下经济收入结构

许多研究都表明教育投资对农民收入增加具有促进作用，农户的受教育程度的提高可以显著增加其家庭收入水平。由表 5-6、图 5-4 及图 5-5 可以看出，2011 年受正规教育年数在 6 年以下的林下经济收入占比 31%，在 2016 年时同年数段占比 22%。受正规教育年数在 6~9 年时，对比 2011 年与 2016 年，林下经济收入占比从 28% 增加至 30%。在受教育年数在 9 年以上时，2011 年林下经济收入占比 41%，而 2016 年占比 48%，是增加的状态。综上所述，户主文化程度对林下经济收入会产生积极影响。

表 5-6　　户主文化程度与林下经济收入变动　　单位：元

教育（年）	2011 年	2016 年
6 年以下	4198.12	3898.85
6~9 年	3789.14	5342.17
9 年以上	5700.00	8686.36
平均	4562.42	5975.79

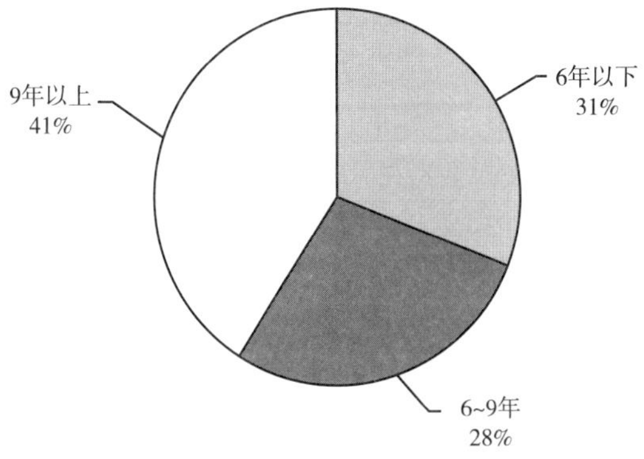

图 5-4　2011 年户主文化程度与林下经济收入占比

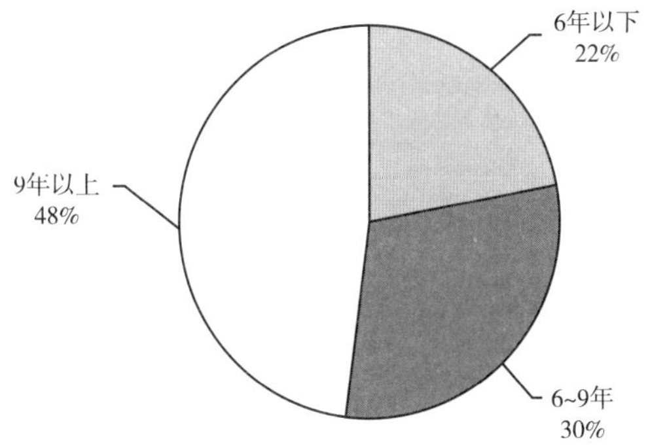

图 5-5　2016 年户主文化程度与林下经济收入占比

2. 户主年龄与林下经济收入的分析

从户主年龄与家庭林下经济收入总额来看（见表 5-7 与图 5-6），随着户主年龄的增大，家庭林下经济收入总体呈递减的趋势。但在不同的年龄阶段，家庭林下经济收入呈波动性变化，在 20~29 岁年龄段达到最高，为 7657.14 元，此后逐渐减少。而当户主处于 60 岁以上的年龄段，家庭林下经济收入最少，仅有 4644.89 元。

表 5-7　2016 年户主年龄与林下经济收入结构　单位：元

年龄（岁）	林下经济收入	林下种植收入	林下养殖收入	采集加工收入	景观利用收入
20~29	7657.14	685.71	1178.57	5792.86	0
30~39	5363.61	2027.78	545.14	1679.58	1111.11

续表

年龄（岁）	林下经济收入	林下种植收入	林下养殖收入	采集加工收入	景观利用收入
40～49	5490.39	2019.15	1982.228	978.77	510.19
50～59	5735.39	2028.31	579.66	1071.99	2025.43
60 及以上	4644.89	955.96	2667.66	63.83	957.44
平均	5778.28	1543.38	1390.65	1917.41	920.83

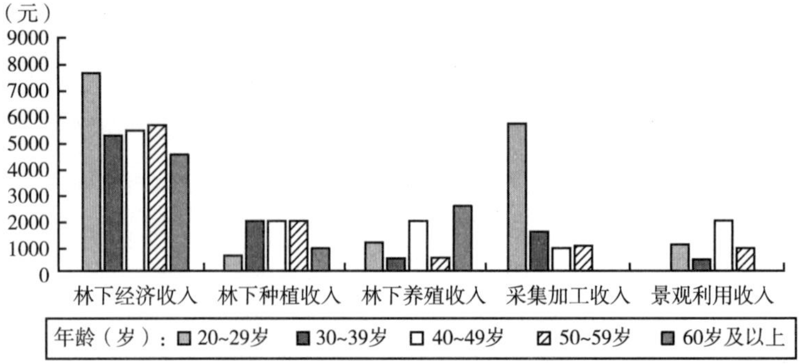

图 5－6　2016 年户主年龄与林下经济收入结构

从户主年龄与家庭林下经济收入变动情况分析（见表 5－8 及图 5－7、图 5－8），在 2011—2016 年，各年龄段农户的家庭林下经济收入总体呈现出增加趋势，各年龄段农户的 2016 年家庭林下经济收入均比 2011 年有较大程度的增加。20～29 岁年龄段的户主家庭林下经济收入变动很大，2011 年为 0，但在 2016 年高达 7657.14 元。30～39 岁年龄段的户主家庭林下经济收入也大幅增加。40～49 岁年龄段的户主家庭的林下经济收入小幅增长，但其占比却从 2011 年的 24% 减少至 19%。50～59 岁年龄段的户主家庭林下经济收入小幅减少，但其占比却大幅下降，从 2011 年占比 40% 降至 20%。60 岁及以上年龄段的户主家庭林下经济收入增加的幅度最小，2011 年至 2016 年仅增加 440.63 元。

表 5－8　　户主年龄与林下经济收入变动情况　　单位：元

年龄（岁）	2011 年	2016 年
20～29	0	7657.14

续表

年龄（岁）	2011 年	2016 年
30 ~ 39	1868. 06	5363. 61
40 ~ 49	3879. 75	5490. 39
50 ~ 59	6649. 43	5735. 39
60 及以上	4204. 26	4644. 89
平均	3320. 30	5778. 28

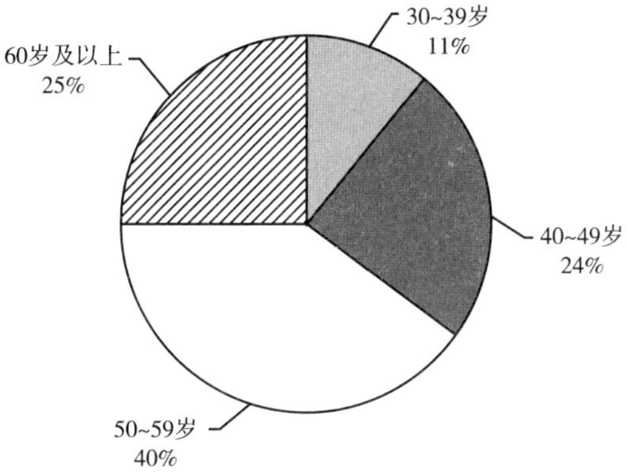

图 5 －7　2011 年户主年龄与林下经济收入占比

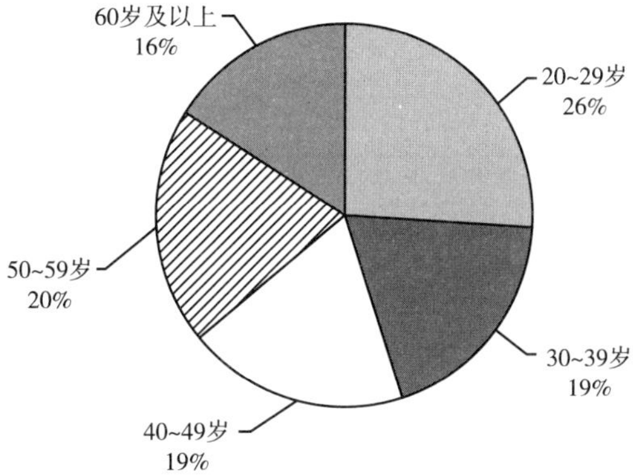

图 5 －8　2016 年户主年龄与林下经济收入占比

3. 户主家庭劳动力投入数量与林下经济收入的分析

从农户家庭从事林下经济劳动力数量与林下经济收入结构分析，不同劳动力数量的农户家庭林下经济收入结构不同（见表5－9、表5－10、图5－9、图5－10、图5－11）。当家庭劳动力为1人时，林下种植收入是林下经济收入的主要来源，占比48.10%。当家庭劳动力为2人时，林下种植收入是林下经济收入的主要来源，占比32.93%。当家庭劳动力为3人时，林下经济收入的主要来源同样是林下种植，占比47.88%。当家庭劳动力在3人以上时，景观利用是林下经济收入的主要来源，占比38.45%。

表5－9　2016年农户家庭劳动力投入数量与林下经济收入结构　单位：元

劳动力数（人）	林下经济收入	林下种植收入	林下养殖收入	采集加工收入	景观利用收入
1	3589.31	1726.81	1034.72	827.78	0
2	4757.62	1566.77	1273.97	1239.20	677.68
3	7526.15	3603.46	1707.69	291.92	1923.08
3以上	9970.83	1654.17	2031.25	2452.08	3833.33
平均	6460.98	2137.80	1511.91	1202.75	1608.52

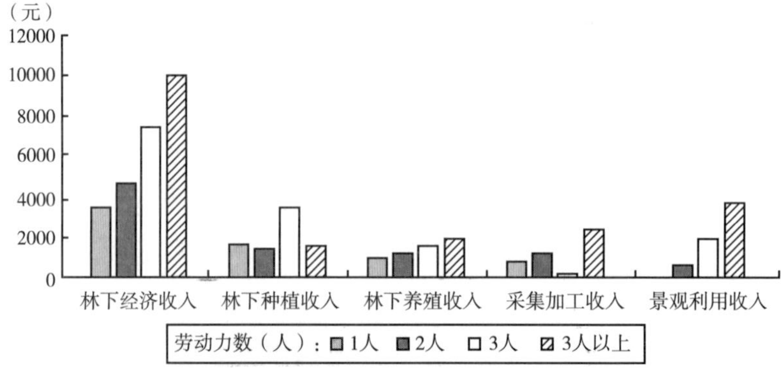

图5－9　2016年农户家庭劳动力投入量与林下经济收入结构

表5－10　农户家庭劳动力投入数量与林下经济收入变动情况　单位：元

劳动力数（人）	2011年	2016年
1	462.50	3589.31
2	3847.06	4757.62
3	8680.77	7526.15
3以上	6943.33	9970.83
平均	4983.42	6460.98

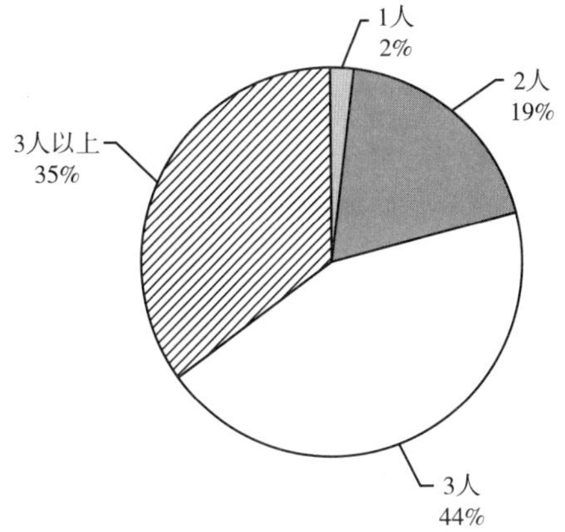

图 5-10 2011 年农户劳动力投入数量与林下经济收入占比

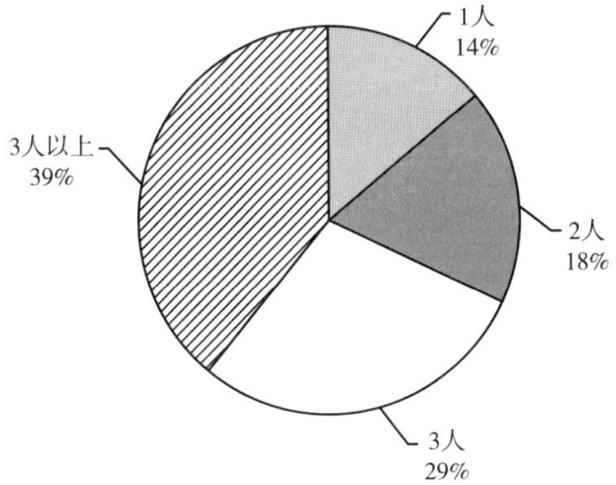

图 5-11 2016 年农户劳动力投入数量与林下经济收入占比

从农户家庭从事农林业劳动力数量与林下经济收入变动情况分析，在2011—2016 年，不同从事农林业劳动力数量的农林家庭林下经济收入基本上呈现增加趋势。其中，劳动力数量为 1 人时的增加量最大，从 2011 年的462.50 元增加至 2016 年的 3589.31 元，增加了 3126.81 元，占比从 2% 增加至 14%。其次，是劳动力在 3 人以上的收入额增长也较大，2011—2016 年的增加额为 3027.5 元，占比从 35% 增加至 39%。

4. 户主社会资本与林下经济收入的分析

从表 5-11、图 5-12 可以看出，村干部的家庭林下经济收入的结构比较平均，林下种植、林下养殖、采集加工、景观利用的收入都较为均衡。但收入最多的是采集加工，收入额为1655.06元，占比33.02%。非村干部的家庭林下经济收入的主要来源是林下种植，占比36.39%。总体上，非村干部的林下经济收入大于村干部的林下经济收入。

表5－11　2016年户主社会资本与林下经济收入结构　单位：元

社会资本	林下经济收入	林下种植收入	林下养殖收入	采集加工收入	景观利用收入
村干部	5012.28	1158.24	1062.50	1655.06	1136.49
非村干部	5653.79	2057.66	1461.78	1060.83	1073.52

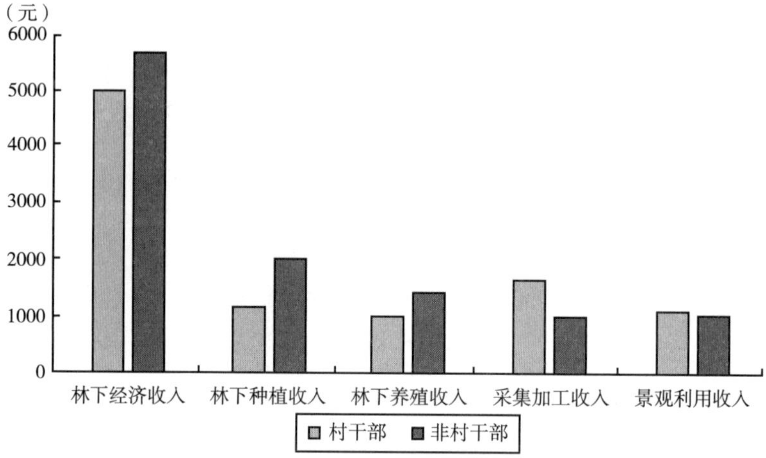

图5－12　2016年户主社会资本与林下经济收入结构

（二）农户林业投入与农户林业收入的分析

1. 农户投入劳动量与林下经济收入

从农户投入劳动量在林下经济不同种类生产活动的分布来看（见表5－12），林下种植和林下养殖的平均投入劳动量较大，依次为30.93工日和28.08工日；而采集加工和景观利用投入劳动量较小，分别为5.70工日和6.38工日。这一方面和生产活动的特点有关，林下种植和林下养殖需要投入较多的人力物力资本，而采集加工和景观利用相对而言比较轻松，不需要投入太多时间；另一方面也有可能是农户仍旧以传统的种植和养殖方式为主，对于采集加工和景观利用还没有足够的盈利把握，所以只是把采集加工和景观利用作为经济收入的补充，在林下种植和林下养殖有余力的情况下发展另外两项，所以投入劳动量较小。

表 5－12　　2016 年农户投入平均劳动量与林下经济种类结构　　单位：工日

	林下种植收入	林下养殖收入	采集加工收入	景观利用收入
投入平均劳动量	30.93	28.08	5.70	6.38

2. 农户林地面积与林下经济收入的实证分析

从农户林地面积与林下经济收入结构（见表 5－13、图 5－13）来看，按照林地面积为 10 亩以下、10～20 亩、20～50 亩、50 亩以上分组，4 种林下经济经营模式带来的收入大体上都随着林地面积的增长呈递增模式。其中林下种植收入最多，分别为 4205.53 元、7897.44 元、8326.43 元和 34773.27 元，林下养殖其次，采集加工又次，景观利用的收入比较不稳定。从平均值来看，是林下种植收入最多，林下养殖其次，接着分别是景观利用和采集加工。

表 5－13　　2016 年农户林地面积与林下经济收入结构　　单位：元

林地面积（亩）	林下经济收入	林下种植收入	林下养殖收入	采集加工收入	景观利用收入
10 以下	4205.53	1246.69	926.40	958.66	1073.78
10—20	7897.44	2822.33	1850.67	3224.44	0
20—50	8326.43	3660.00	2917.86	1748.57	0
50 以上	34773.27	16236.36	10636.36	573.27	7327.27
平均	13800.67	5991.35	4082.82	1626.24	2100.26

3. 林下经济参与方式和林下经济模式

从 2016 年农户林下经济收入与其他类型收入来看（见表 5－14），其他收入中有 10264.86 元为工资性收入，有 24141.32 元为经营性收入，且转移性收入为 3288.37 元，财产性收入为 1657.41 元，加起来的家庭总收入为 39351.96 元。而林下经济收入为 5515.76 元，和工资性收入与经营性收入相比相差较

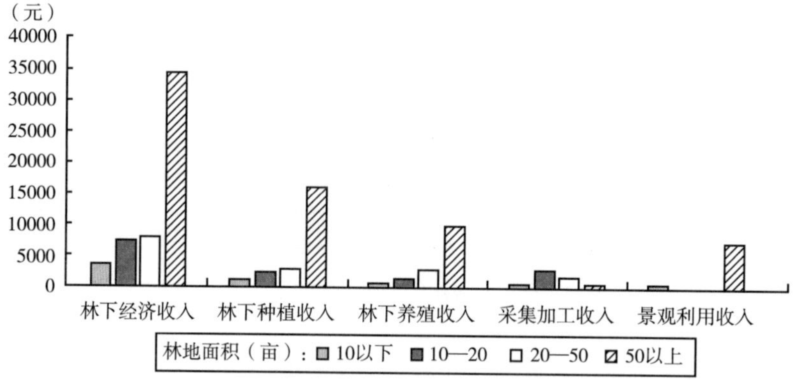

图 5-13　2016 年农户林地面积与林下经济收入结构

大，说明目前农户的主要收入来源并非林下经济。

表 5-14　2016 年农户林下经济收入与其他收入来源　单位：元

林下经济收入	工资性收入	经营性收入	转移性收入	财产性收入	家庭收入
5515.76	10264.86	24141.32	3288.37	1657.41	39351.96

从林下经济收入与林下经营模式来看（见表 5-15、图 5-14），户均林下经济收入为 5515.76 元，其中林下种植收入最多，为 1864.14 元；林下养殖收入其次，为 1188.68 元；接着是采集加工收入，为 1188.68 元；最后是景观利用收入，为 1087.07 元。

表 5-15　2016 年农户四种模式的林下经济收入　单位：元

林下经济收入	林下种植收入	林下养殖收入	采集加工收入	景观利用收入
5515.76	1864.14	1375.87	1188.68	1087.07

从 6 个县林下经济户均收入（见表 5-16）来看，被调研的 6 个县的收入结构存在较大差异，其中原州区以林下种植收入为主，为 3907.74 元，之后依次是景观利用收入的 1290.32 元、林下养殖收入的 620.97 元及采集加工收入的 90.97 元；彭阳县则以林下养殖收入为主，为 904.58 元，接着是林下种植收入的 231.33 元和采集加工收入的 129.47 元；西吉县则以林下种植收入和林下养殖收入为主，分别是 1602.02 元和 1222.15 元；隆德县以林下养殖收入

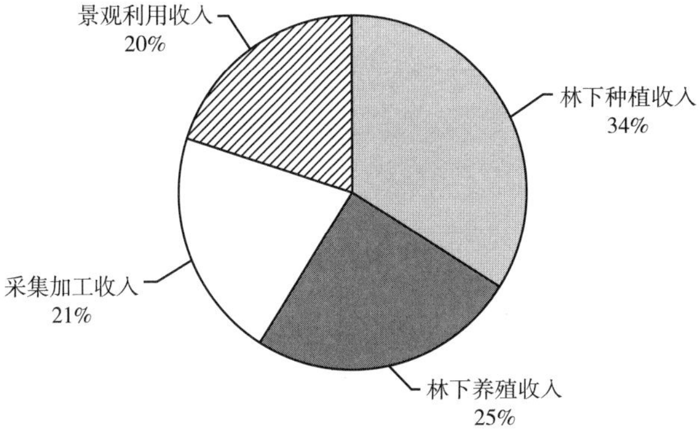

图 5－14　2016 年林下经济收入

为主，为 3532.84 元，接着是林下种植收入的 1474.55 元，景观利用收入的 1202.99 元，采集加工收入非常少，仅有 8.96 元；泾源县以景观利用收入为主，达到了 12909.59 元，其次是林下养殖收入的 4863.64 元，林下种植收入仅有 150.00 元；海原县以采集加工收入为主，达到了 4887.34 元，其次是林下种植收入，为 2836.46 元，林下养殖收入很低，为 92.71 元。

表 5－16　　2016 年农户林下 6 个县林下经济户均收入　　单位：元

林下经济模式	原州区	彭阳县	西吉县	隆德县	泾源县	海原县
林下种植收入	3907.74	231.33	1602.02	1474.55	150.00	2836.46
林下养殖收入	620.97	904.58	1222.15	3532.84	4863.64	92.71
采集加工收入	90.97	129.47	0	8.96	0	4887.34
景观利用收入	1290.32	0	0	1202.99	12909.59	0

从在农户收入来源结构的划分方面，许多学者从不同侧重点作了深入研究。我国农民纯收入按收入来源可划分为工资性、家庭经营性、转移性、财产性四个方面的收入，其中是工资性收入主要是农民以务工等形式进行劳动取得的报酬；家庭经营性收入主要是农户通过从事农林牧渔等家庭经营活动以取得相应的收入；转移性收入主要是来自于政府的补贴等。林下经济为三产融合产业，包括了林下种植业、养殖业、采集业和森林旅游业，因此主要对农民的工资性收入和经营性收入等方面都产生了影响。

从 5 年农户家庭收入构成情况比较（见表 5－17、图 5－17），农户的家

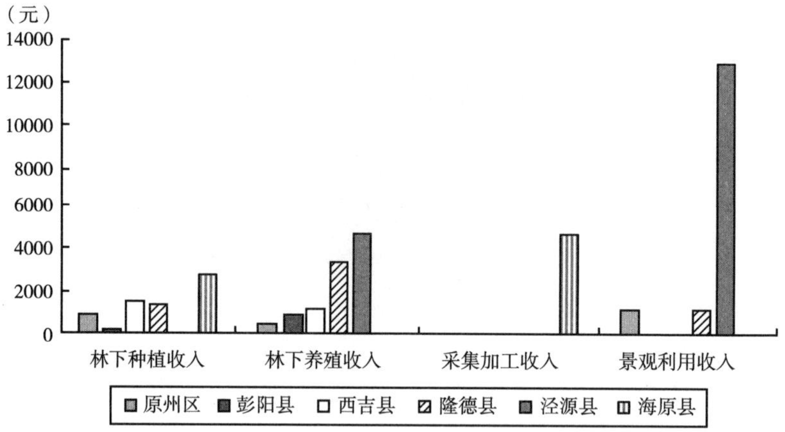

图 5－15　2016 年农户林下 6 个县林下经济户均收入

庭总收入有较大增长，但家庭收入构成比例没有较大的变化。2011 年家庭总收入为 20042.39 元，经营性收入为 10906.79 元，占比最大，为 55%；工资性收入其次，为 6633.83 元，占家庭收入的 33%；转移性收入为 2026.50 元，占 10%；财产性收入最少，为 475.27 元，占 2%。2016 年家庭总收入为 39351.96 元，经营性收入为 24141.32 元，占 61%；工资性收入为 10264.86 元，占 26%；转移性收入为 3288.37 元，占 9%；财产性收入为 1657.41 元，占 4%。

表 5－17　2011 年和 2016 年农户家庭收入构成情况　　单位：元

年份	工资性收入	经营性收入	转移性收入	财产性收入	家庭收入
2011	6633.83	10906.79	2026.50	475.27	20042.39
2016	10264.86	24141.32	3288.37	1657.41	39351.96

从 2011 年和 2016 年农户家庭总收入的情况比较（见表 5－18、图 5－19），2011 年林下经济收入为 4229.18 元，占家庭收入的 21%；非林业经济收入为 15813.21 元，占家庭收入的 79%。到 2016 年，林下经济收入为 5515.76 元，占家庭收入的 14%；而非林业经济收入为 33836.20 元，占比 86%。5 年之后的林下经济收入占比比 5 年前的占比小得多，说明林下经济目前并未成为农户的主要经济来源，没有得到足够的重视，还有较大的发展空间。

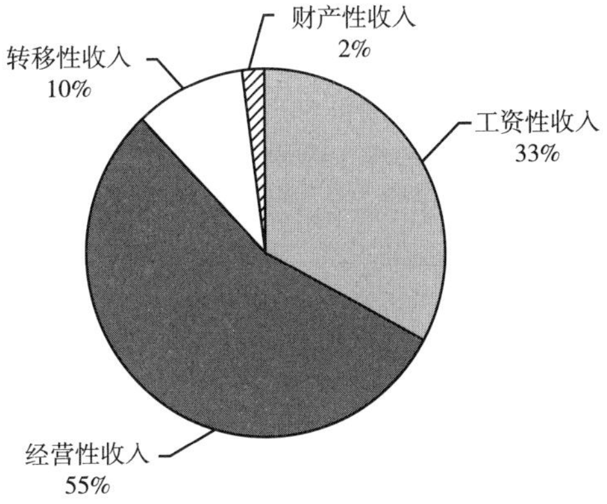

图 5-16　2011 年农户家庭收入情况

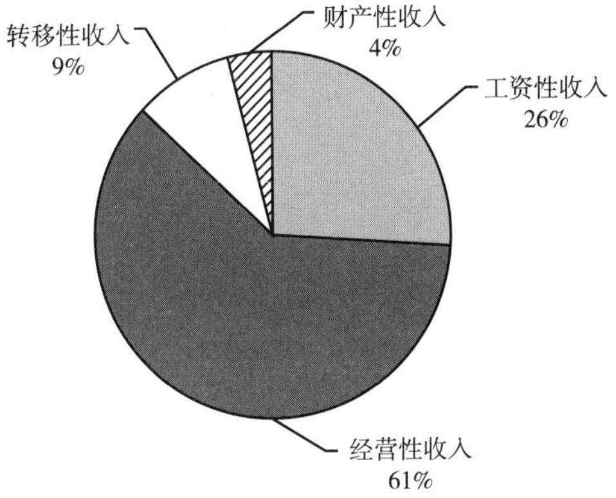

图 5-17　2016 年农户家庭收入情况

表 5-18　　2011 年和 2016 年农户家庭总收入情况　　单位：元

年份	林下经济收入	非林业经济收入	家庭收入
2011	4229. 1	15813. 21	20042. 39
2016	5515. 76	33836. 20	39351. 96

四、辽宁省农户发展林下经济的实证分析

林下经济作为农村经济发展的重要组成部分，能够促进辽宁农村经济发展，同时能够推进农业增效与农民增收。本章在对 2015 年辽宁地区的实地调研数据进行统计和实证分析的基础上，总结辽宁省调研地区林下经济发展现状及存在

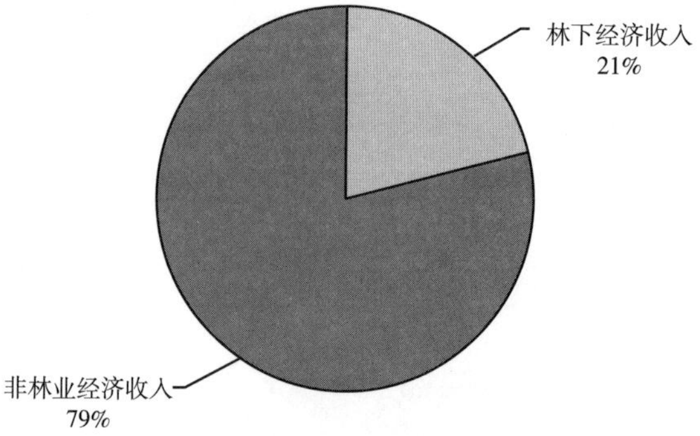

图 5－18　2011 年农户家庭收入情况

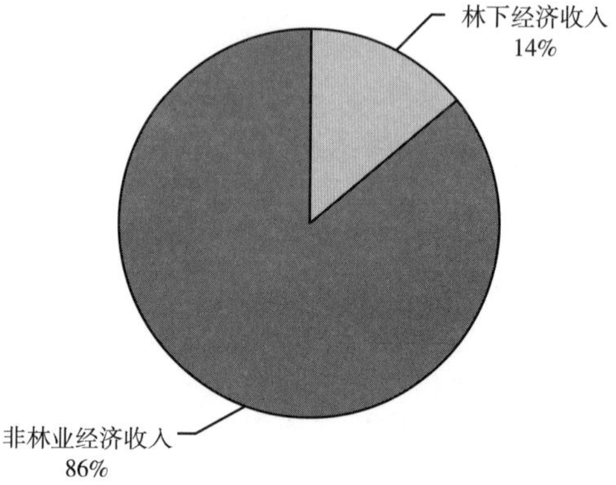

图 5－19　2016 年农户家庭收入情况

问题，分析并分析了辽宁地区农户在林下经济的发展过程中补贴、林地经营面积等影响因素，并对回归结果进行分析。

（一）数据来源和描述性统计

辽宁省相对于全国其他省份来讲，发展林下经济时间较早，20 世纪九十年代便已有学者对辽宁天然次生林立体经营模式进行研究。辽宁省地理位置优越，辽东、辽西两侧为山地丘陵，中部辽河沿岸为平原地区，北邻科尔沁沙地。辽宁全省林地面积高达 713.6 万公顷，2021 年林业局数据显示，辽宁林地面积已占全省国土面积的 48%，已有 3.41 亿立方米的森林蓄积量，102.7 万公顷的确权草原，139.5 万公顷的湿地总面积。除此之外，辽宁省还有着丰富的森林资源，能够实现生物多样化并且存在着大量可待开发利用的珍稀树种，可供林下经济发展的选择较多。森林生态服务方面也创造着巨大的价值，截至目前已有3500亿元的价值被生态服务系统创造出来。因此，林下经济在创造经济效益与取得生态效益两个方面共同发展，在辽宁地区农户共同富裕具有重要意义。

1. 数据来源

为了对辽宁农户发展林下经济的内部影响因素进行分析，本章以辽宁省10个县级行政单位、32个村、50个乡、共500个农户为调研对象，通过问卷调查、关键人物访谈（村长、村书记、村会计等）、实地观察等方法对该地区农户进行了“一对一”实地调研和信息采集，回收500份有效问卷并整理录入调查数据以建立数据库。调查问卷涉及了包括户主性别与年龄以及受教育程度等基础信息，还包括农户的经营活动与生产行为是否与林业有关、是否为政府人员、参与林下经济人数、家庭所占有林地面积、林下经济补贴、林下经济经营形式、信息来源、销售途径、遇到的困难等与林下经济发展有关的因素，根据需要对调研数据进行处理并运用SPSS进行具体实证分析。

2. 描述性统计

研究选取了辽宁省抚顺市的新宾县与清原县、本溪市的本溪县与桓仁县、丹东市的宽甸县、辽宁市的辽阳县，以及铁岭县、开原县、北票县、建昌县的50个乡村共500个农户为调研对象，这些农户中的大多数为多年跟踪调研对象，所收集的数据可以较好地符合研究的目标。

（1）农户基本情况描述性统计

对调查结果进行统计后发现，被调查农户户主98%为男性，女性仅占2%。受教育程度集中在初中阶段，接受过初中教育的农民占49.4%，接受过小学及以下教育的农民占37.4%，余下10.6%接受过高中教育，受过大专或本科及以上教育的农民仅占2.6%。调查对象中，半数以上的农民未从事过与林业有关的经营活动，当过村干部的占少数，为20.4%，同时接受过林业培训的农民只占据31.2%，多数农民并未接受过相关培训。从数据整体来看，被调查农户的受教育程度普遍不高，林业培训的普及率在辽宁农村也较低，这些因素都有可能影响辽宁农户对发展林下经济的选择行为（见表5－19）。

表 5－19　　　　调查农民的基本情况

名称	性别	样本分布比例（%）
性别	男	98.00
	女	2.00
受教育程度	小学及以下	37.40
	初中	49.40
	高中	10.60
	大专或本科及以上	2.60
是否从事与林业有关的经营活动	是	36.20
	否	63.80
是否干部	是	20.40
	否	79.60
是否接受过林业培训	是	31.20
	否	68.80

从表 5－20 可以看出，被调查农户大多数家庭林地面积主要集中在 49 亩以下，管理 49 亩以下林地的农户占 60.4%，管理 50～99 亩林地的农户占 19%，11.6% 的农户管理 100～199 亩林地，只有 8.8% 的被调查农户家中有多于 200 亩林地。调查发现，辽宁省有 92% 的农户家中没有涉林人员，只有 8% 的农户家中有 2 人在本地涉林打工，大多数农户家中的林地并不多，因而各户以单一的家庭为单位发展林下经济，分布比较零散，难以形成较大规模。从劳动力方面来看，被调查农户家中在外打工人数在 2 人以下的占到九成，其中，家中无在外打工人员的情况占到了 53.2%。

表 5－20　　　　调查农户的基本情况

名称	类型	样本分布比例（%）
林地面积（亩）	0～49	60.40
	50～99	19.00
	100～199	11.60
	200～299	3.40
	>300	5.40

续表

名称	类型	样本分布比例（%）
本地涉林打工人数（人）	0	92.00
	2	8.00
在外打工人数（人）	0	53.20
	1~2	41.20
	3~5	5.60

由表5-21可以看出，所调查对象有较为平均的家庭年收入。农户的年收入集中分布在3万~5万元的区间范围内，占整体的27.9%；收入较低的家庭占比较小，家庭年收入在1万元以下的仅占总体的8.8%，整体收入情况较好。但从表中可以看出，2015年辽宁农户通过林下经济获得的收入在家庭年收入中占比普遍偏低，有95%的农户林下经济收入占比在10%以下；林业收入占比相对较高，有29.4%的农户林业收入占比在30%以上。由此可见，虽然辽宁农户家庭年收入情况较好，但整体在林业方面的收入普遍偏低，林下经济收入占比更低，大多数年轻人倾向于外出从事非林方向的工作，本地农户的收入来源也以农业或其他生产经营为主。因此，林下经济的开发空间较大，大力发展林下经济对提升辽宁农户收入水平具有积极作用。

表5-21　　　　调查农户的家庭收入情况

名称	类型	样本分布比例（%）
家庭年收入（万元）	<1	8.80
	1~3	23.90
	3~5	22.90
	5~10	27.50
	>10	16.90
林下经济收入占比（%）	<10	95.00
	10~30	1.20
	30~50	3.80

续表

名称	类型	样本分布比例（%）
林业收入占比（%）	10～30	72.70
	30～50	14.70
	>50	12.70

（2）农户发展林下经济情况描述性统计

从调研结果可以看出（见表5-22），辽宁省在不同地域之间的林下经济发展情况差别较大，在县与县之间、村与村之间、乡与乡之间差别明显，有些乡镇林下经济发展程度较高而有些乡镇到目前为止还未开始发展林下经济。由汇总本书发现，在2016年被调查辽宁农户中仅有26.2%发展林下经济，73.8%未发展林下经济，500户农户中参与发展林下经济的人数为207人。整体来看，在所分析区域中发展林下经济相对较好的有：抚顺市的新宾县、本溪市的桓仁县和丹东市的宽甸县，农户家庭参与林下经济的人数较多。截至2016年，辽阳县、北票县、开原县和建昌县基本没有发展林下经济，参与发展林下经济的人数均在10人以下，其中北票县和建昌县无人参与发展林下经济。更多农户未开始发展林下经济，其主要原因在于受到资金和林地方面问题的限制，技术和劳动力问题也制约着辽宁省林下经济的发展。

表5-22　　调查农户的林下经济情况

	新宾	清原	本溪	桓仁	宽甸	辽阳	铁岭	开原	北票	建昌	汇总
男性（人）	38	15	14	34	13	2	4	5	0	0	125
女性（人）	20	0	0.25	27	23	2	9	1	0	0	82
汇总（人）	58	15	14	61	36	4	13	6	0	0	207

总体来看，林下种植和林下产品采集加工为农户发展林下经济的主要模式，有89户农户发展了林下产品采集加工，40户农户发展了林下种植，仅有2户农户发展了林下养殖，没有农户在森林景观利用方面进行成本投入。可见更多的辽宁农户选择发展林下产品采集加工，较少农户发展林下种植，而在

林下养殖和森林景观利用方面基本处于空白状态（见图 5－20）。

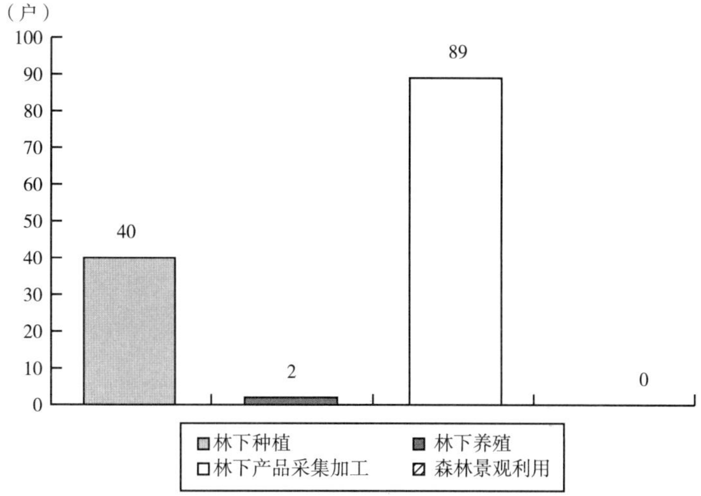

图 5－20　林下经济四种模式农户数发展情况

从发展面积、投入成本和收益角度汇总分析来看，辽宁农户林下种植面积总和为 2306 亩，总投入成本为 896600 元，获得收入 1516100 元；林下产品采集加工面积总和为 1528 亩，投入成本为 119230 元，获得收入 108735 元。由此可见，虽然选择林下产品采集加工的农户数量是选择林下种植农户数量的 2 倍以上，但从发展情况角度来分析，辽宁农户整体对林下种植投入成本更多，获得收入也远高于林下产品采集加工，投收比较为可观（见表 5－23、图 5－21）。

表 5－23　　调查农户发展林下经济情况

	面积（亩）	投入成本（元）	税费负担（元）	收入（元）
林下种植	2306	896600	0	1516100
林下养殖	20	4000	0	1000
林下产品采集加工	1528	119230	750	108735
森林景观利用	0	0	0	0

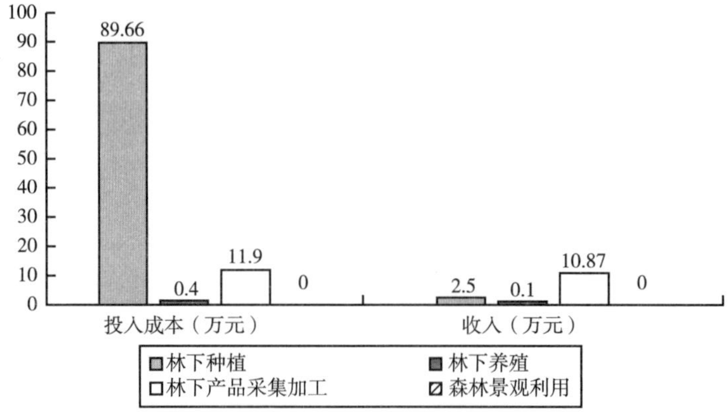

图 5－21　林下经济 4 种模式投入成本与收入情况

从林下经济项目的信息来源角度汇总分析来看，近九成的辽宁农户是通过朋友或是通过观察他人生产效益而获取林下经济相关信息，在林业部门、乡镇或村委会组织、合作组织、媒体、农业信息网等一系列较正式的渠道上获取信息的农户数量极少。由此可以看出，对于农户，他们更愿意相信朋友或者自己的亲身经历，同时未养成通过互联网等新渠道获取信息的习惯，而通过朋友或自己的亲身经历获取的信息相对滞后，缺乏时效性，因而农户接触到更新更好的项目或技术的机会相对较少，也对林下经济这一较为新型的产业发展造成一定程度上的制约。

从农户的林产品销售渠道的角度分析中发现，在产品销售期农户自寻渠道自行销售或者等候收购人员上门交易这两种销售方式被大多数农户所选择。

（3）总结分析

统计结果表明，辽宁省由于地理环境以及政策效果的影响，各村镇林下经济发展并非同步前进，具有不均衡性，各村镇发展情况差别较大。截至 2016 年初仍有村镇尚未发展林下经济，林产品种植、生产与林产品采集加工为该地区林下经济的主要发展模式，而绿色森林生态景观利用领域未得到发展，整体来看发展情况较为一般，其中主要存在的问题为较低的林业培训普及率、林业合作社未得到发展、农户获取有关信息的途径较少，因而农户接触到前沿信息机会较少，容易受到传统意识的影响，对发展新型经营模式的积极性较差。除此之外，林下经济的开发与发展过程中的项目种类繁杂，种植培育等经营管理技术较难掌握，相对复杂。技术掌握过程包括培训、理论知识学习和林业实地实践，这便导致农户在开始林下经济生产过程时对林下经济产品生产经营技术处于不充分不完全的状态。传统经营管理方式仍是农户在农户沿用的主要方式，未能有效发挥新技术的科学性，导致种养成本高、效果差。

2016 年以来，辽宁省林下经济获得了快速发展。2020 年至 2022 年辽阳县共发展林下经济 1700 亩，其中发展中草药、山野菜等林下种植 600 亩；发展灵芝鸡、黑猪等林下养殖 1100 亩。辽阳县因地制宜，特色经济林和林下经济是东部山区特色林果经济示范带的重点发展方向，建设辽阳县大果榛子基地，林下中草药、林菜、林畜林禽基地得到积极培育。同时，辽阳县建设核伙沟森林公园和双河生态示范区，发展大西沟村和八盘岭村生态旅游业，并通过旅游业带动养殖、采摘园、食用菌、大榛子等林下特色产业发展，林下经济效益明显增加。北票市经济林面积 75 万亩，其中：山杏面积 56 万亩，以大枣、大扁杏、食用杏为主的重点经济林 16 万亩，野生榛子林 3 万亩。当前北票市林下经济已发展 4 种作物套种模式：林菜模式、林菌模式、林药模式、林下牧草。但目前北票市林下经济发展模式仍以一家一户的经营模式为主，发展和推广的建设规模相对较小。因此，当地政府要协调发展当地农、林、畜牧业，对农户进行积极引导与协商，共同建设“基地 + 农户”型产业化模式，推进林下经济规模化发展。开原市经济林面积 1.6501 万公顷，随着山区综合开发的深入，越来越多的林农参与经济林产业，并取得了可观的效益。开原市林业经济发展以“两区一带”为依托，集中分布在东部特色农业示范区和苗木花卉产业带。但其中林菌、林畜、林药、林菜等特色产业发展基础薄弱，尚不具备规模化发展条件。为了壮大全市林业经济发展，借助乡村振兴战略契机，开原县重点发展开原榛子产业，同时依靠榛子产业发展带动休闲、体验、教育、康养等为主题的森林旅游产业发展，以点带面逐步扩展其他林业经济发展，实现产业增收，农民致富。近年来，建昌县林下经济已得到飞速发展。棉花是建昌县林下经济的主要作物，杨、柳、杜鹃等22种乔灌木是林木的主要种类。2018年林业产值23321万元，同比增长17.4%，有200公顷为栽植的经济林面积200公顷，其中有67公顷为栽植的林下经济产物，核桃67公顷和33公顷的大果榛子。建昌县林下经济模式已形成4种模式为主的多元发展模式，涵盖林下种植、林下养殖、林下产品采集加工、森林景观利用4种模式。如今建昌县取得了较为显著的林下经济产业效益，但仍存在着产业化水平相对较低的问题，因此需政府加以引导，多措并举大力推动建昌县林下经济经营产业化发展。

（二）农户发展林下经济行为影响因素的实证研究

1. 变量的选取与说明

在实证研究中，本节的二元logistic回归分析中的因变量为“辽宁农户是否参与林下经济”，以字母Y表示，其中当辽宁农户参与发展林下经济时，因变量用Y=1表示，当辽宁农户没有参与发展林下经济时在因变量栏中用Y=0表示（见表5-24）。

表5-24　　变量赋值及样本分布情况

变量名称	变量定义	样本分布比例（%）
因变量Y：辽宁农户参与行为	参与林下经济=1	26.20
	未参与林下经济=0	73.80

将户主个人基本信息与户主发展林下经济过程中各项信息作为因变量的组成部分（见表5-25），户主个人基本信息为：户主的性别、年龄、学历以及是否为行政人员、所从事的经营活动是否与林业有关；发展林下经济过程中各项信息为：家庭林地面积、是否有资金补贴、是否有技术推广、是否建设信息服务平台、是否发展林业专业合作社、是否有林下经济产品抵押贷款、是否有税收减免、是否有贷款贴息，研究中将以上各因素设定为自变量。

表 5-25　　变量赋值及与其作用方向

代码	变量名称	取值范围	变量定义	预期作用方向
X_1	年龄（岁）	1～4	<30=1，31～45=2，46～60=3，>61=4	-
X_2	是否从事与林业有关的经营活动	1，0	是=1，否=0	+
X_3	家庭林地面积（亩）	1～5	0～49=1，50～99=2，100～199=3，200～299=4，>300=5	+/-
X_4	是否有资金补贴	1，0	是=1，否=0	+
X_5	是否有技术推广	1，0	是=1，否=0	+
X_6	是否建设信息服务平台	1，0	是=1，否=0	+
X_7	户主性别	1，0	男=1，女=0	-
X_8	受教育程度	1～4	小学及以下=1，初中=2，高中（中专）=3，大专或本科以上=4	+
X_9	是否干部	1，0	是=1，否=0	+
X_{10}	是否发展林业专业合作社	1，0	是=1，否=0	+
X_{11}	是否有林下经济产品抵押贷款	1，0	是=1，否=0	+
X_{12}	是否有税收减免	1，0	是=1，否=0	+
X_{13}	是否有贷款贴息	1，0	是=1，否=0	+

2. 模型估计

首先对数据进行相关性分析，由于所选取变量为分类变量，因此采用 Spearman 相关性分析，分析结果于表 5-26 中呈现。

表 5－26　Spearman 相关性分析

	Y	X_1	X_2	X_3	X_4	X_5	X_6	X_7	X_8	X_9	X_{10}	X_{11}	X_{12}	X_{13}
Y	1.000													
X_1	-0.107*	1.000												
X_2	0.280**	-0.096*	1.000											
X_3	0.255**	-0.135**	0.036	1.000										
X_4	0.179**	-0.091*	-0.006	-0.039	1.000									
X_5	0.157**	0.068	0.050	0.047	0.167**	1.000								
X_6	0.203**	-0.008	0.054	0.085	0.172**	0.279**	1.000							
X_7	0.002	0.000	0.076	-0.031	-0.007	-0.057	-0.085	1.000						
X_8	-0.041	-0.182**	0.067	0.010	0.086	-0.023	0.006	0.036	1.000					
X_9	0.006	0.053	0.028	-0.025	-0.012	0.010	0.048	-0.034	0.171**	1.000				
X_{10}	-0.001	-0.011	-0.052	-0.021	0.024	0.180**	0.394**	-0.023	0.037	0.063	1.000			
X_{11}	0.076	-0.069	0.024	0.064	0.121**	0.134**	0.231**	0.049	-0.026	0.052	0.208**	1.000		
X_{12}	-0.007	0.000	-0.104*	-0.017	0.164**	0.127**	0.247**	-0.019	0.049	-0.055	0.291**	0.137**	1.000	
X_{13}	0.048	-0.069	-0.015	0.058	0.229**	0.074	0.071	-0.086	0.095*	0.048	0.102*	0.222**	0.258**	1.000

注：* 表示在 0.05 级别（双尾），相关性显著；** 表示在 0.01 级别（双尾），相关性显著。

处理的初步结果表明，户主年龄、所从事的经营活动是否与林业有关、家庭所使用或占有林地面积、是否有资金补贴、是否有技术推广、是否建设信息服务平台这5个变量结果较为显著，具有统计学意义。在该变量中，户主年龄在0.05水平上显著，呈负相关；所从事的经营活动是否与林业有关、家庭林地面积、是否有资金补贴、是否有技术推广、是否建设信息服务平台在0.01水平上显著，均呈正相关。

3. 二元 Logistic 建模

首先，变量中家庭林地面积、受教育程度、年龄均为分类变量，需要将其分类变量进行编码转化为虚拟变量才能运用到方程中去，分类变量编码表5－27如下。

表5－27　　　　分类变量编码

		频率	参数编码			
			(1)	(2)	(3)	(4)
家庭林地面积（亩）	0～49	303	1.000	0.000	0.000	0.000
	50～99	95	0.000	1.000	0.000	0.000
	100～199	58	0.000	0.000	1.000	0.000
	200～299	17	0.000	0.000	0.000	1.000
	300及以上	27	0.000	0.000	0.000	0.000
受教育程度	小学及以下	187	1.000	0.000	0.000	—
	初中	247	0.000	1.000	0.000	—
	高中（中专）	53	0.000	0.000	1.000	—
	大专或本科及以上	13	0.000	0.000	0.000	—
年龄（岁）	30及以下	3	1.000	0.000	0.000	—
	31～45	69	0.000	1.000	0.000	—
	46～60	232	0.000	0.000	1.000	—
	61及以上	196	0.000	0.000	0.000	—

接下来应用前进LR法进行似然比检验，通过极大似然值之间的比较，看两个模型的拟合质量是否有不同。选入自变量时基于检验结果，移去检

验是基于在最大局部似然估计的似然比统计的概率结果。在本部分中，使用极大似然法估计得到了回归方程参数。系数的显著性较小地进入方程（见表5-28）。

表5-28　　回归结果

解释变量	B	S. E	Wald	df	Sig.	Exp（B）
X_2	2. 084	0. 382	29. 690	1	0. 000	8. 036
X_3	—	—	32. 222	45	0. 000	—
$X_{3(1)}$	-2. 657	0. 574	21. 395	1	0. 000	0. 070
$X_{3(2)}$	-2. 041	0. 640	10. 186	1	0. 001	0. 130
$X_{3(3)}$	-0. 604	0. 622	0. 942	1	0. 332	0. 547
$X_{3(4)}$	-1. 095	0. 863	1. 610	1	0. 205	0. 334
X_4	2. 144	0. 585	13. 435	1	0. 000	8. 537
X_6	0. 992	0. 356	7. 753	1	0. 005	2. 697
常量	-3. 520	0. 702	25. 135	1	0. 000	0. 030

根据似然比检验结果及回归的结果，最终进入模型的自变量包括X_2、X_3、X_4、X_6 4项（影响因素），Wald值较大，Sig值均小于0. 05，所从事的经营活动是否与林业相关、家庭林地面积、是否有资金补贴、是否建设信息服务平台，4个自变量对模型构成也就是对农户发展林下经济选择行为具有显著影响，因此研究具有统计意义。

因而根据表5-28，最终回归模型可以表示为：

$$\ln(Y|p=1)=2.084X_2-2.657X_3-2.657X_{3(1)}-2.041X_{3(2)}-0.604X_{3(3)}-1.095X_{3(4)}+2.144X_4+0.992X_5-3.520 \quad (5-1)$$

表5-29　　分类值的确定

大于或等于此值时为正	敏感度	1-特异性	约登指数
0. 1968087	0. 712	0. 109	0. 602
0. 1180729	0. 846	0. 254	0. 592
0. 1582518	0. 712	0. 121	0. 591

续表

大于或等于此值时为正	敏感度	1－特异性	约登指数
0.1231366	0.808	0.225	0.582
0.0981764	0.846	0.266	0.581
0.2050356	0.673	0.100	0.573
0.0775293	0.865	0.306	0.560
0.0755931	0.865	0.310	0.555
0.0739267	0.865	0.313	0.553
0.0598088	0.865	0.319	0.546
0.0798971	0.846	0.304	0.543
0.0426248	0.923	0.400	0.524
0.0369036	0.923	0.402	0.521
0.0446454	0.904	0.386	0.518
0.2401702	0.558	0.080	0.477
0.0293386	0.942	0.482	0.460
0.0274831	0.942	0.489	0.453
0.2753209	0.519	0.067	0.452
0.0308498	0.923	0.471	0.452
0.0218452	0.942	0.491	0.451
0.3974184	0.423	0.033	0.390
0.3346336	0.423	0.036	0.387
0.4051952	0.385	0.029	0.356
0.4109874	0.346	0.027	0.319
0.4703310	0.327	0.018	0.309
0.5861071	0.269	0.011	0.258
0.6582078	0.250	0.007	0.243
0.0169798	0.962	0.721	0.241
0.7093609	0.212	0.002	0.209
0.0161897	0.981	0.783	0.197
0.0131266	0.981	0.817	0.164

续表

大于或等于此值时为正	敏感度	1－特异性	约登指数
0.0100734	0.981	0.824	0.157
0.0047293	1.000	0.844	0.156
0.0077284	0.981	0.833	0.148
0.0029609	1.000	0.879	0.121
0.7975049	0.077	0.000	0.077
0.0010427	1.000	0.998	0.002
0.0000000	1.000	1.000	0.000
1.0000000	0.000	0.000	0.000

根据约登指数最大为0.602时，选取分界点，从表5－29可以发现，当分界点为0.196时，约登指数最大，因而当模型因变量Y值大于0.196时，预测结果为辽宁该农户选择发展林下经济；当模型因变量Y值小于0.196时，预测结果为辽宁该农户选择不发展林下经济。

4. 模型检验

第一，由表5－30可知，该回归模型的预测正确率高达87.2%，具有一定的科学性，因此该模型具有意义。

表5－30　　分类表

	实测		预测		
			是否参与		正确百分比
			否	是	
步骤4	是否参与	否	399	49	89.10
		是	15	37	71.20
			总体百分比		87.20

注：分界值为0.196。

第二，由表5－31可知，Cox&Snell R^2指标为0.190，回归调整确定系数Nagelkerke R^2为0.389，大于0.2，这代表自变量能够解释38.9%的因变量Y。因此来看，该模型有较高的拟合度。

表 5－31 模型

	－2 对数似然	Cox&Snell R^2	Nagelkerke R^2
步骤 4	228.644[a]	0.190	0.389

注：a 表示由于参数估算值的变化不足 0.001，因此估算在第 7 次迭代时终止。

第三，ROC 曲线如图 5－22 所示。

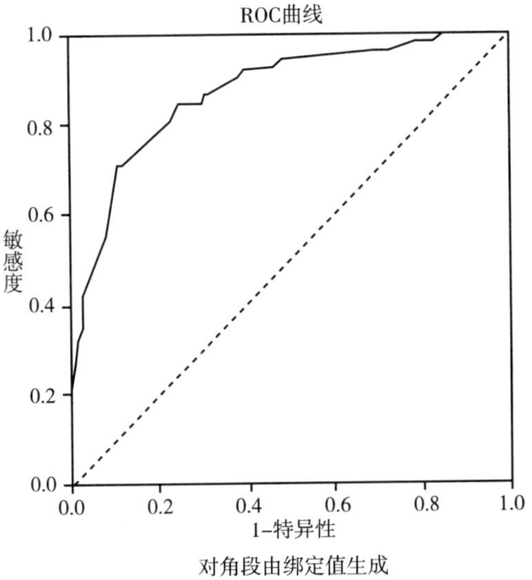

图 5－22 ROC 曲线

结果显示，曲线下方区域为 0.869，面积较大，模型效果良好。

表 5－32 置信区间

			渐近 95% 置信区间	
	标准误差 a	渐近显著性 b	下限	上限
0.869	0.027	0.000	0.816	0.923

由表 5－32 所示，95% 的置信区间为［0.816，0.923］，因此回归模型效果良好。

5. 结果分析

结果表明辽宁林农是否参与林下经济主要受户主年龄、所从事的经营活动是否与林业相关、家庭林地面积、是否有资金补贴、是否有技术推广、是否建设信息服务平台这几个因素的影响，以下将对显著变量进行分析。

第一，户主年龄对农户发展林下经济行为有负向影响，但影响程度不大。户主年龄越大，农户参与林下经济的概率越小，与预期结果相一致。主要原因是户主年龄越大，对新事物的接受意愿越小，越忠于原始的林业经营模式；而相反，年轻人则更希望跟上经济社会发展的节奏，不断吸收新理念、新科技，希望打破传统发展模式。

第二，农户所从事的经营活动是否与林业相关正向影响着农户发展林下经济行为，从事的经营活动与林业相关的农户更加倾向于发展林下经济，这与模型所预期的结果相同。主要原因在于，从事的经营活动与林业相关的农户对林产业有更清楚的认识，更加了解林业方面符合时代的新发展模式，相关的理论实践经验更足，接收到新信息的机会更多，因而更倾向于选择发展林下经济。

第三，家庭林地面积对农户发展林下经济行为有负向影响，家庭林地面积越大，林农发展林下经济的概率越小，与预测结果不一致。分析其结果的主要原因是，拥有更大林地面积的农户在原始的发展模式中便可以获得比较可观的收入，也就更少地考虑林地使用效率情况，因而对发展林下经济的意愿不强烈。

第四，是否有资金补贴对农户发展林下经济行为有正向影响，发展林下经济意愿相对强烈的为接受了相关资金补贴的农户，这与预期结果相一致。主要原因在于，发展林下经济需要前期一定的成本投入，对于没有接受到资金补贴的农户来讲相对较为困难。

第五，是否建设信息服务平台对农户发展林下经济行为有正向影响，建设信息服务平台后，会提升农户发展林下经济的概率，这同预期结果一致。主要原因或许在于，当地农民有意愿发展林下经济但获取信息的渠道较少，对林下经济如何发展、选择哪种模式不了解，在新项目的获取上存在问题，都会制约农户选择发展林下经济的行为。

（三）结论

通过对辽宁农户实际调研的结果进行描述性分析，同时引入二元 Logistic

模型对辽宁农户发展林下经济行为的影响因素进行了一系列实证分析，揭示了辽宁农户发展林下经济的现状以及辽宁农户发展林下经济的影响因素。

通过描述性统计发现，目前林下种植、林下产品采集加工为辽宁市林下经济发展的主要模式，其中从事林下产品采集加工的农户占据比例更高，农户在林下种植模式中整体投入更多，收益也更大。从整体来看，辽宁省林下经济发展不均衡，新宾县、桓仁县和宽甸县发展情况较好，而北票县和建昌县目前还未发展林下经济。

通过实证研究发现，辽宁林农参与林下经济的行为主要受户主年龄、是否从事林业有关的经营活动、家庭林地面积、是否有资金补贴、是否有技术推广、是否建设信息服务平台这几个因素的影响。其中，户主年龄与家庭林地面积对农户发展林下经济有显著的负向影响，从事林业有关的经营活动、资金补贴、技术推广和信息服务平台的建设都在一定程度上对辽宁林农发展林下经济的行为有促进作用。

五、林下经济发展的影响因素实证分析

随着新一轮集体林权制度改革的推进和深化，我国林区已基本实现了“农民成为山林主人”。林区农户的经营积极性被大幅调动，同时林区作为乡村振兴战略重要实施地区，经济发展潜力巨大，林下经济在此背景下迅猛发展。本节参考以往研究中有关林下经济发展过程的相关文献，归纳部分可能对各地区林下经济产值产生显著影响的因素，如林业投资、林地用地面积等因素，并针对林下经济新的发展环境，另行添加 3 个因素作为考量对象：人口、人均 GDP、数字化程度，以保证林下经济在过去发展环境中保持强劲势头，在如今多变的环境中仍能采取更新颖更适宜的模式进行创新发展。本书以该 6 个因素为主要研究切入角度，进行了研究假设，从国家统计局以及相关数据库中提取了各个省份 2011—2018 年 5 个因素的相关数据作为自变量，以林下经济产值作为因变量并对其进行实证分析，通过实证模型，探究这 6 个因素是否影响了我国林下经济的发展，并通过模型系数和方向分析其影响

程度。

(一)变量选取、数据来源与描述性统计

1. 变量选取

为了考察林下经济产值的影响因素，本研究选取了林业投资、林业用地面积、人口、人均 GDP 和数字化程度这 5 个变量。由于存在数据缺失问题，本研究选取了包含完整林下经济产值数据的 25 个省（直辖市和自治区），包括河北省、辽宁省、吉林省等 20 个省份，北京市等 2 个直辖市和内蒙古自治区等 3 个自治区。

2. 模型构建

本书使用面板模型，引入上述变量分析林下经济产值的影响因素，具体模型如下：

$$\ln Y_{it} = \alpha + \beta_1 \ln X_{1_{it}} + \beta_2 \ln X_{2_{it}} + \beta_3 \ln X_{3_{it}} + \beta_4 \ln X_{4_{it}} + \beta_5 \ln X_{5_{it}} + \varepsilon_{it} \quad (5-2)$$

式（5－2）中，$\ln Y_{it}$ 表示第 i 个省份在 t 年的林下经济产值的对数，$X_{1_{it}}$ 表示第 i 个省份在 t 年的林业投资数，$X_{3_{it}}$ 表示第 i 个省份在 t 年的林业用地面积，$X_{4_{it}}$ 表示第 i 个省份在 t 年的总人数，$X_{5_{it}}$ 表示第 i 个省份在 t 年的人均 GDP，ε_{it}表示随机误差项。

3. 数据来源

本书使用各省份宏观数据，具体指标和数据来源如表 5－33 所示。

表 5－33　　变量表

变量	指标	数据来源
林下经济产值（对数）	各省林下经济产值	中国农业部、国家林业局、国家统计局
林业投资（对数）	各省林业投资数	国家统计局
林业用地面积（对数）	各省林业用地面积	国家统计局
人口（对数）	各省总人数	国家统计局
人均 GDP（对数）	各省人均 GDP	中国人口和就业统计年鉴
数字化程度（对数）	各省数字化程度指数	北京大学数字金融研究中心

4. 描述性统计

表 5－34　　描述性统计

变量	(1)	(2)	(3)	(4)	(5)
	观测值	均值	方差	最小值	最大值
林下经济产值（对数）	200	13.35	1.725	7.512	16.71
林业投资（对数）	200	13.90	0.783	11.26	16.20
林业用地面积（对数）	200	6.711	0.849	4.619	8.412
人口（对数）	200	8.399	0.573	6.791	9.421
人均 GDP（对数）	200	10.71	0.409	9.682	11.85
数字化程度（对数）	200	5.397	0.722	2.754	6.117

上述所有变量的描述性统计如表 5－34 所示。

（二）实证研究

1. 实证结果及分析

经过 Hausman 检验，本书确定选用固定效应模型对数据进行检验，运用 Stata 16.0 软件进行回归。回归结果如表 5－35 所示。

表 5－35　　回归结果

变量	(1) 混合回归 林下经济产值	(2) 单向固定效应 林下经济产值	(3) 双向固定效应 林下经济产值
林业投资	0.340** (2.29)	0.454** (2.42)	0.306*** (2.97)
林业用地面积	0.243* (1.68)	1.110** (2.47)	3.796* (1.78)
人口	1.161*** (6.28)	－3.164* (－0.54)	－3.046 (－0.65)
人均 GDP	1.457** (2.21)	1.327** (2.40)	1.171** (2.14)

续表

变量	（1）混合回归 林下经济产值	（2）单向固定效应 林下经济产值	（3）双向固定效应 林下经济产值
数字化程度	0.909*** (6.19)	0.630*** (3.67)	1.335** (2.17)
常数值	-2.760 (-0.80)	23.442 (0.60)	51.250 (1.44)
省份固定效应	否	是	是
年份固定效应	否	否	是
观测值	200	200	200
R - squared	0.400	0.578	0.672
省（区）个数	25	25	25

注：*、**、***分别表示变量在10%、5%、1%的统计水平下显著。

在表5-35中，第（1）列是混合回归结果；第（2）列是固定了省份效应之后的回归结果；第（3）列是固定了省份和年份效应之后的回归结果。从回归结果可以看出，三种模型中林业投资的系数均显著为正，这说明增加林业投资会对林下经济产值带来正向影响。任何一种新兴的产业发展模式在前期都需要大量的资金投入，尤其是林业这种容易受自然风险影响的弱质性产业。在当下林下经济建设过程中，加大资本投入的力度很有必要性。资金支持可以使原本森林资源丰富地区的林下经济更进一步发展，而缺乏资金投入会使林下经济难以取得长远且持久的发展。

林业用地面积的系数显著为正，这说明森林资源对于林下经济的发展十分重要。林下经济作为林业产业的重要组成部分，其发展首先要受到森林资源的影响，林下种植、养殖、林产品加工、森林景观利用等林下经济发展模式都离不开一定的森林资源。

人均GDP的系数显著为正，这说明各省的区域经济发展水平对林下经济的发展也有显著的正向影响。林下经济是一种新兴的林业产业模式，经过近几年的发展，虽然势头很猛，但其发展还不够成熟，不足以支撑一个区域的发展。林下经济发展必须与其他产业相结合，以促进当地经济的发展，进而反过来作用于林下经济的发展。高水平的经济发展，可以在一定程度上为林下经济发展提供资金和其他方面的支持。该地区的经济发展程度较高，各个行业都有较好的发展，可以对林下经济的发展起到一定的促进作用。此外，经济发达的地区需求旺盛，可以为林下经济产品提供较大的市场。

数字化程度的系数也显著为正，说明数字经济发展会对林下经济发展起到积极的促进作用。数字技术可以使林农更快、更高效地获得市场信息，减少了信息的不对称性。数字经济还可以提升林下经济产业效率，从最初的劳动效率到产品的交易效率，通过数字技术和数字平台的帮助，不管是林农还是消费者均能从中获益，大大减少了人力资源的浪费，并全方面提升产业效率。除此之外，数字经济的发展改变了传统的交易模式，刺激消费增长，扩大了销售范围，林农能扩大生产规模，从而实现规模经济。

2. 异质性分析

为了检验南北方林区林下经济产值影响因素的差异性，本书以秦岭—淮河线为界将样本省份划分为北方林区和南方林区，其中北方林区包括河北省等 8 个省和北京市、内蒙古自治区、新疆维吾尔族自治区，南方林区包括江苏省等 12 个省和重庆市、广西壮族自治区。运用 Stata 16.0 软件分别对两个子样本集进行回归分析，结果如表 5－36 所示。

林业投资对南北方林区林下经济产值的影响均为正，但对南方林区的影响更为显著。这说明在南方林区增加林业投资能相对大幅度地提高林下经济产值；而北方林区则可能是因为林业投资已经饱和，增加林业投资也无法明显提高林下经济产值。人口对南北方林区林下经济产值的影响是相反的，对南方林区的影响为负，但对北方林区的影响显著为正。这说明目前我国南方林区的林业从业人员较为充足，不需要再增加从业人员。而对北方林区来说，从业人员数量远远不够，增加林业从业人员能显著提高北方林区林下经济产值。

人均 GDP 对南北方林区林下经济产值的影响均为正，但对南方林区的影响更显著。政府可以适当扶持南方林区林下经济的发展并促进其与其他支柱产业的融合。

表 5-36　　　　异质性分析

变量	北方林区 林下经济产值	南方林区 林下经济产值
林业投资	0.554 (1.56)	0.723*** (5.54)
林业用地面积	0.554*** (2.78)	0.444** (2.43)
人口	1.874*** (6.74)	-0.315 (-1.43)
人均 GDP	0.593 (1.11)	0.752** (2.35)
数字化程度	0.848*** (3.81)	0.588*** (4.19)
常数值	-12.566* (-1.90)	-7.640** (-2.47)
观测值	88	112
R-squared	0.526	0.573

注：*、**、*** 分别表示变量在 10%、5%、1% 的统计水平下显著。

（三）研究结论

由回归结果可知，林业投资在混合回归、单向固定效应下均以 5% 的显著水平对林下经济产值产生正向影响，在双向固定效应下对林下经济产值以 1% 的置信水平产生正向影响，即林业资金投入水平越高，林下经济产值就越大。

林业投资影响着基础设施建设、绿地面积、劳动力质量、资金可利用程度等一系列硬要素以及林木种植管理能力、科学技术及人才等一系列要素的投入水平，这些要素均会对林下经济产值造成影响，随着投资额的增长，经济流通增多，林下经济的投入产出效率将会从多方面得到提高，因此林业投资对林下经济产值产生正向影响。林地用地面积从混合回归与双向固定效应下来看，其在 10% 的显著性水平下对林下经济产值均产生正向影响，从单向固定效应来看以 5% 的置信水平产生着正向影响。林地面积越大，可利用森林资源越多，投入生产的规模就越大，林下经济的产出水平也就越高。

根据回归结果，各地区人口在混合回归固定效应下以1%的显著性水平对林下经济产值产生正向影响，并且在单项固定效应下，其在10%的显著性水平下对林下经济产值产生负向影响，产生微小负向影响的原因可能是受支持的资源相对被其他产业分散，从经济整体发展来看，地区人口越多，在其余条件一定的情况下该地区的劳动力供给越多，经济发展活力越旺，发展的产业将相对较多，若林下经济并非该地区的核心产业，那么其所受重视程度将被其余产业分散，政府以及社会的支持力度将相对减弱，影响林下经济的发展。而人均GDP则在混合回归、单双向固定效应下均在5%的显著性水平下表现出较强的正向影响。人均GDP能够反映人民生活水平，人均GDP越高，该地区收入消费能力则相对较高，人们对林下经济产物接受能力相对较强，能够对林下经济产业发展形成较好刺激，提升林下经济产值。

通过回归结果我们还能发现有一个关键因素“数字化程度”，结果表明在混合回归和单项固定效应下，数字化程度以1%显著性水平对林下经济产值产生正向影响，在双向固定效应下，其在5%的显著性水平下对林下经济产生正向影响，并且其系数值较大，表明数字化程度越高，越有利于林下经济发展。数字经济可以有效与林下经济融合，尤其在互联网方面，林下经济的生产和经营信息均可借助互联网发布，林户、消费者与政府均能够在互联网上获得相对完善的产品与产业信息，生产者能够高效购买生产要素，消费者能够进行满意度较高的消费，政府可以依据网上交易数据分析某段时间内林下经济的运行状况并加以优化指导。由此来看，数字化程度的水平与林下经济的发展水平成正比例，林下经济产值会因数字化程度的提高而相应增长，较高的数字化程度会促进林下经济的高效发展。

六、林下经济影响因素PVAR模型实证分析

虽然我国林下经济发展起步较晚，但近年来发展势头强劲。现有研究中大多运用Logit模型对可能影响林下经济发展的因素进行回归。本节在参考相

关研究的基础上利用 PVAR 模型对林下经济的影响因素进行分析。

（一）数据来源与描述性统计

在接下来数据分析中，本书采用 Stata 16.0 软件为数据的主要处理软件。本书选取 2011—2018 年全国各省市林下经济产值、林业投资、人均 GDP 3 个变量作为测度指标。各省份的 3 个变量的数据均来自农业和农村部、国家林业和草原局、国家统计局、《中国统计年鉴》。由于各省对所选 3 个指标的统计情况不一，个别省份中有部分年份数据并未记录缺失情况，林下经济产值在部分地区数据不完整，选取了全国数据较为完整的 25 个省或直辖市作为数据分析地区。

另外，由于 3 个指标单位不一、数值差距较大，存在异方差对参数估计影响较大的情况，本书对 3 个变量均取对数，以便削弱异方差所带来的影响，最终呈现出 25 个省、直辖市与自治区 200 个样本数据。模型中所选取 3 个变量原值以及对数化后的描述性统计如表 5-37 所示。其中可发现对数化后 Y、FI、GDP 变量所得到的标准差相对较大，呈现出一定差异性。

表 5-37　描述性统计

VARIABLES	(1)	(2)	(3)	(4)	(5)
	N	mean	sd	min	max
Y	200	1.881e+06	3.005e+06	1830	1.809e+07
FI	200	1.511e+06	1.719e+06	77965	1.086e+07
GDP	200	49034	22175	16024	140211
lnY	200	13.35	1.725	7.512	16.71
lnFI	200	13.90	0.783	11.26	16.20
lnGDP	200	10.71	0.409	9.682	11.85

（二）实证分析

1. 平稳性检验

在下文构建 PVAR 模型进行分析之前，为避免伪回归在接下来林下经济影响因素分析过程的有效性造成影响，需对数据进行平稳性检验。对一阶差分处理之后的变量进行面板单位根检验（检验方法相同）。结果如表 5 - 38 所示，在对所有变量平稳检验中采用了 IPS、ADF - Fisher、PP - Fisher 检验方法，该检验方法在对面板数据进行单位根检验被大多数学者采用。由于三者数据呈现出非平稳状态，因此所构建的 PVAR 模型并不能用该 3 个变量，需要对 lnY、lnFI、lnGDP 进行一阶差分处理，再次采取以上方法进行单位根检验，若差分处理后的变量呈现出平稳状态，方可作为构建时的变量。下表已呈现出相应变量面板数据的单位根检验结果。从表 5 - 41 中可以看出，在 3 种检验方法下，变量 D(lnY)、D(lnFI)、D(lnGDP) 均拒绝存在单位根的原假设，即数据通过检验为平稳状态，可以确保下文对构建 PVAR 模型进行分析的有效性。

表 5 - 38　　面板数据单位根检验

变量/检验方法	IPS	ADF - Fisher	PP - Fisher
D(lnY)	-4.0207	31.3217	39.8382
	0.0000	0.0000	0.0000
D(lnFI)	-3.1764	0.3694	16.0305
	0.0007	0.0000	0.0000
D(lnGDP)	-2.7302	40.8600	12.8444
	0.0000	0.0000	0.0000

注：表中上半部分数字分别代表变量在 IPS 检验、ADF - Fisher 检验和 PP - Fisher 检验中所得到的统计量，表格下半部分数字表示对应检验方法所得 P 值，对所有数字保留 4 位小数。

为了判断数据是否具有长期平稳趋势，现通过 Pedroni 与 Kao 两种检验方法对数据进行协整检验，检验结果如表 5 - 39 所示。

表 5 - 39　　协整检验结果

检验方法	检验统计量	统计值	P - value
①Pedroni test	Modified Phillips - Perron t	5.7144***	0.0000
①Pedroni test	Phillips - Perron t	-18.3734***	0.0000
①Pedroni test	Augmented Dickey - Fuller t	-28.0722***	0.0000

续表

检验方法	检验统计量	统计值	P - value
②Kao test	Dickey - Fuller t	- 7.9943 ***	0.0000
②Kao test	Unadjusted modified Dickey - Fuller t	- 4.6775 ***	0.0000
②Kao test	Unadjusted Dickey - Fuller t	- 11.5036 ***	0.0000

注：*、**、*** 分别表示在 10%、5%、1% 的置信水平上显著。

由表 5 - 39 中数据检验结果可以看出，林下经济产值、人均 GDP、林业投资均具有长期平稳趋势，且从 Pedroni 与 Kao test 检验结果来看数据均平稳且在 1% 置信水平上显著。

2. 最优滞后阶数的估计

为确保 PVAR 模型估计结果的有效性与准确性，需对模型的最优滞后阶数进行计算、比较与选定。分析中通过 MBIC、MAIC、MQIC 准则计算出的最小值，得出模型的最优滞后阶数。从表 5 - 40 中可以看到，在 MBIC、MAIC 和 MQIC3 个判定指标中，滞后阶数均为 1 阶。

表 5 - 40　　模型最优滞后阶数选择

滞后阶数	CD 值	J 值	P 值	MBIC	MAIC	MQIC
1	0.9882564	28.46153	0.3874818	- 77.16309 *	- 25.53847 *	- 45.19742 *
2	0.9967412	19.66294	0.352112	- 50.75347	- 16.33706	- 29.44303
3	0.9895525	10.36008	0.3221284	- 24.84812	- 7.639917	- 14.1929

注：* 表示根据 MBIC、MAIC、MQIC 准则选取的最优滞后阶数。

3. 根据最优滞后阶数进行 GMM 回归

上文对数据的平稳性以及最优滞后阶数的分析与确定，构建 PVAR 模型条件已满足，需由此开始进行 25 个省份实证部分的分析。首先模型的变量应为 D(lnY)、D(lnFI) 和 D(lnGDP)，且需按照上文确定的最优阶数 1 进行 GMM 估计以分析 3 个变量之间相互作用的情况与互动关系。D(lnY)、D(lnFI) 和 D(lnGDP) 分别表示全国各省一阶差分后的林下经济产值、全国各省林业投资额、全国各省人均 GDP，3 个变量能够分别反映林下经济产出效益、投入效益，以及全国各省人民生活水平三者的情况，PVAR 模型滞后回归结果如

表5-41所示，由于最优滞后阶数为1阶，故回归所得均为滞后一阶时的结果。

表5-41　　PVAR模型GMM回归结果

变量	h_D(lnY)	h_D(lnFI)	h_D(lnGDP)
L1. h_D(lnY)	0.1202256	0.004473 **	0.0224818 **
L1. h_D(lnFI)	0.7969159 ***	0.1333491	0.0262878
L1. h_D(lnGDP)	1.726605 **	0.3004877	-0.145313

注：*、**、*** 分别表示在10%、5%、1%的置信水平上显著；L1.h表示对变量的一阶滞后。

由表5-41可见，滞后一期的林业投资对林下经济产值在1%的置信水平下产生正向影响。即林业投资明显促进着林下经济产值的增加。投资的增加会提升产业投入产出效率与相关企业资金使用效率，能够进一步释放林下经济产业的经济潜力。资金的注入能够吸引更多技术性人才、加大产业生产规模、提高产品市场流动效率，从而推动产业向前发展。人均GDP在5%显著水平下与林下经济产值呈正相关，且系数值相对较大，已达到1.7。这表明人均GDP的增长有助于林下经济产出效益的增加。人均GDP反映着居民生活水平，从一定程度来看，某个城市人均GDP越高，其消费能力越强。一方面，消费能力强的地区对该地区林下经济产业成果具有相对较高的接受与购买能力，这增强了林下经济产业的产出能力与产品可销售程度，增加企业销售量从而提升盈利能力。另一方面，由于较高的消费水平以及较强的购买能力，会使居民消费需求呈现出对特定产品的强烈需求，对部分特定林下经济产品而言，由于生产资源稀缺或技术要求较高等，往往使其价格偏高，但由于其为非简单产品因而具有较高的附加值，居民具有较高的消费能力时会使高附加值的林下经济产品同样得以销售，从而拓展高附加值产品的销售市场。

因此，人均GDP的提升使消费能力提升，消费能力提升也有助于增强企业更多地生产高附加值产品，提升企业盈收能力，进一步提高林下经济产值。在2019年，我国国民人均总收入已超过1万美元，强劲的消费能力使人民对产品质量与精神生活均有较高的需求。在满足食品需求方面，居民更加注重饮食健康，膳食结构也由逐渐优化，林下经济产业中富含大量符合绿色健康饮食的产品，如优质绿色蔬菜水果、中医药材、优质禽肉等；在满足精神需求方面，人民对旅游以及绿色生态环境需求的提高，使森林康养业、乡村农家乐等利用森林景观等相关行业需求日益旺盛。这两个方面均在居民生活水平提高的基础上得以呈现，因此人均GDP的提高为林下经济的发展提供了市场保障。

滞后一期的林下经济产值在5%显著水平下对林业投资具有正向影响。这表明随着林下经济的发展，林业投资会相应有所增加。由于林下经济产业在该阶段仍处于发展成长阶段，有强劲的发展势头，具有较强拓展市场的潜力。因此在促进林下经济健康发展的过程中，仍需要加大资金的注入，比如在监督机制的完善、融资机制的革新、基础设备建设与人才培养等方面，仍需加大投资以进一步开发林下经济市场潜力。林下经济产值的增加，表明该产业在设定的计划中健康发展，为确保其有活力地成长，需持续适当注入新的林业资金。因此林业投资在增加林下经济产出效益的同时，林下经济的快速发展也会推动政府与社会各界加大林业投资的力度。同时，该结果也与国家林业草原局颁布的《林下经济发展指南》相吻合，《林下经济发展指南》中表明，林下经济在过去数十年中发展成果明显，计划在2025年林下经济产值突破1万亿元大关。同时指出为了对林下经济提高支持保障，需进一步“完善财税支持政策”与“加大金融支持力度”，要大力筹措林业投资资金，引导社会各界对林下经济产业进行健康投资，促进投资主体多元化、投资方式多样化，并在风险可控的前提下加大信贷投入。

滞后一期的林下经济产值在5%显著水平下对人均GDP产生正向影响。也就是说，林下经济产值对人均GDP起到了促进作用。其原因可能是产品产业方面随着林下经济产业的良好发展，在产品方面，越来越多的林下经济产品被生产出来投入市场，并且产品质量不断提升，消费者可供选择的产品增多，消费者福利增加，居民生活质量也有相应提升。因此由于林下经济产品逐渐丰富，会使人均GDP相应增加。从产业方面来看，林下经济产业的发展将会带动部分相关产业的发展，如产品种植业、采摘业、运输业、森林旅游业等，形成产业间共同进步发展的模式。因此，由于林下经济的发展促使林下产业集群的共同进步，使各相关产业生产量与销售量增加，从而间接对人均GDP的提升起到了促进作用。

4. 稳定性检验

接下来进行稳定性检验，通过单位根佐证 PVAR 模型选择一阶最优滞后阶数的合理性。在检验中，由于 3 个变量且均为一阶，因此会出现 3 个与变量单位根相对应的点，通过看该 3 个点是否均落在图形中的单位圆之内来判断所构建 PVAR 模型的稳定性。由图 5－23 中可以看出，模型的 3 个估计点均在单位圆内的同一圈层里，即全部落在单位圆内部区域中，这表明选择一阶滞后构建出的 PVAR 模型具有稳定性，且一阶差分后的林下经济产值、林业投资、人均 GDP 的 3 个变量之间存在着长期稳定的关系。

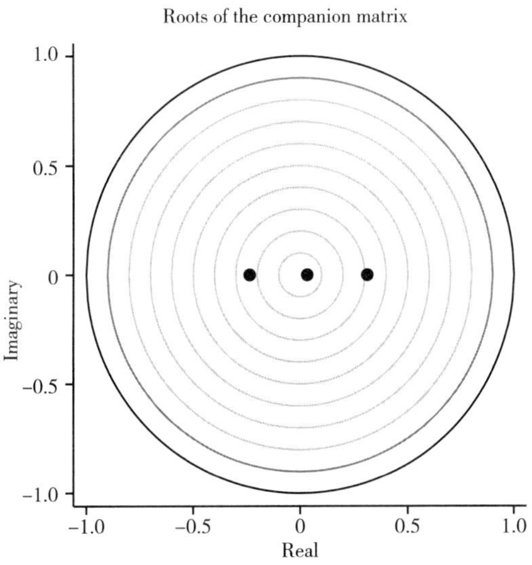

图 5－23　单位圆

5. Granger 因果检验

通过格兰杰因果检验，本部分将确定 25 个省份或直辖市间林下经济生产总值、林业投资与人均 GDP 三者之间是否存在因果关系。检验结果如表 5－42 所示，原假设均为某一变量不是另一变量的格兰杰原因。从表 5－42 中可知，林下经济产值是否是林业投资的 Granger 因果检验结果不拒绝原假设、人均 GDP 是否是林业投资的 Granger 因果检验结果不拒绝原假设，同时林业投资是否是人均 GDP 的 Granger 因果检验结果也不拒绝原假设。拒绝原假设的有：林业投资是否是林下经济产值的 Granger 原因、人均 GDP 是否是林下经济产值的 Granger 原因、林下经济产值是否是人均 GDP 的 Granger 原因。这表明人均 GDP 与林下经济产值之间的关系互为因果；林业投资增长是林下经济产值增长的因，但林下经济产值增长并非林业投资增长的原因。同时，人均 GDP 增长与林业投资增长之间也无 Granger 因果关系。

表 5－42　　Granger 因果检验

变量	检验项	chi^2	df	P 值
lnY	lnFI	8.284	1	0.004
	lnGDP	5.169	1	0.023
lnFI	lnY	0.033	1	0.856
	lnGDP	1.253	1	0.263
lnGDP	lnY	5.760	1	0.016
	lnFI	0.315	1	0.574

6. 脉冲响应与预测方差分解

在构建的 PVAR 模型中，可以通过 GMM 回归结果估计所选 3 个变量之间的静态互动关系，但仅凭变量间静态的关系对变量的解释缺乏有效性，而且 PVAR 模型是动态模型。因此在实证分析最后的部分，开始利用 Stata 进行期数为 10 期的脉冲响应，以详细分析各省林下经济产值、林业投资、人均 GDP 三者之间相互的具体动态关系。脉冲响应分析方法能够控制除具体分析动态关系两变量外的其余变量不变，仅对 2 个变量之间的动态关系进行研究，能够使一个变量对另一个变量进行标准化冲击，并且在该过程中得到其动态响应路径。由于在上述格兰杰因果分析中得知，3 个变量间并非均互为对方的格兰杰原因，仅有林下经济产值与人均 GDP 互为格兰杰原因，且存在变量间相互均非格兰杰原因的情况，因此在脉冲响应分析中，仅择取部分具有因果关系的变量。

由图 5－24 得到的脉冲响应结果可以看出：①林下经济产值在受到人均 GDP 的冲击后出现迅速上升，呈现出幅度明显的正向反应，第 1 期后达到峰值，在随后的 6 期中逐渐下降，从当期至第 4 期始终是正向影响，第 4 期时下降至最低点，趋于稳定。这反映出人均 GDP 的增长对促进林下经济产业发展

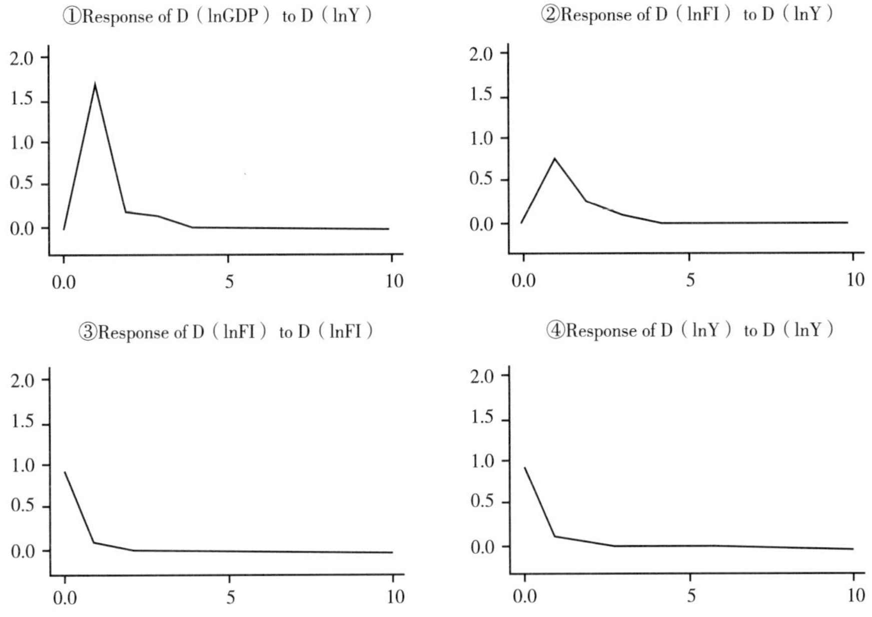

图 5－24　脉冲响应图

在短期内正向效果显著，且在长期内同样有助于林下经济产业的发展。②林下经济产值在受到林业投资的冲击后会出现短期内的正向响应，在前两期上升迅速，达到最高值，但在此之后至第 4 期中出现逐渐下降的态势，在前 4 期的阶段中持续起到正向影响作用，在第 4 期时达到最低值 0，对林下经济产值不再产生影响。这说明林业投资在短时间内会造成林下经济产值的上升，但促进效果会随着时间推移而逐步下降。其原因可能是林下经济产业已经发展良久，但在发展至更好阶段中仍有部分的距离，产业产出效率由于资金并不充足而并未达到最佳，通过资金的注入能够加快林下经济产业发展速度，逐渐发挥出较好的作用，使其步入新的更优质的发展阶段，但一定的资金仅能够使产业在短期内产生变化，产业产出效率长久的增长需要新的发展资金与其进行匹配。因此林业投资的增加会在一定时期内对林下经济各产业产生积极的影响，并且影响效果会逐渐减弱。③林业投资对自身进行一个标准差的冲击后，起到了短期的正向作用。在第 3 期后恢复至 0。即林业投资的增加，会带动短期内林业投资进一步增加。④林下经济产值在受到自身的冲击后，在当期呈现正向增长趋势，在第 1 期至第 3 期均为正向影响，影响程度逐渐下降，在第3期时达到0，开始趋于稳定。表明林下经济产值的增加会对自身随后近期的发展起到积极的促进作用。原因可能是当林下经济产业经营效益增加时，能够提高盈利能力，进一步扩大产出从而提升产业规模，使企业获得规模经济，更好地实现资源配置，但由于规模经济并非规模越大效益越高，其存在供给的均衡点，超出均衡点进行过度生产时，将会使经济效益下滑，因此林下经济产值增加会在近期中通过利用产业规模调整来促进自身更佳的发展，但当生产规模达到一定程度后，再增加生产投入将会有损于林下经济的发展状态，因此受到生产规模的限制，一个标准差林下经济产值的冲击，仅能在一定时期内对自身起到促进作用。

在得到脉冲响应分析图之后，可随之得出预测方差分解的结果，预测方差分解分析期数设为10期，通过预测方差分解结果，可以从中提取到林下经济产值、林业投资、在得到脉冲响应分析图之后，可随之得出预测方差分解的结果，预测方差分解分析期数设为10期，通过预测方差分解结果，可以从中提取到林下经济产值、林业投资、人均GDP之间的相互影响程度。方差分解结果如表5－43所示。

表5－43　　方差分解结果

变量	预测期	冲击变量1	冲击变量2	冲击变量3
		D(lnY)	D(lnFI)	D(lnGDP)
D(lnY)	0	0	0	0
	1	1	0	0
	2	0.8508196	0.0928705	0.0563099
	3	0.8429947	0.1006716	0.0563337
	4	0.8418375	0.1015276	0.0566349
	5	0.8417555	0.1016044	0.0566401
	6	0.8417454	0.1016124	0.0566422
	7	0.8417446	0.1016131	0.0566423
	8	0.8417445	0.1016132	0.0566423
	9	0.8417445	0.1016132	0.0566423
	10	0.8417445	0.1016132	0.0566423

续表

变量	预测期	冲击变量1	冲击变量2	冲击变量3
		D(lnY)	D(lnFI)	D(lnGDP)
D(lnFI)	1	0.0001135	0.9998865	0
	2	0.0001611	0.9887056	0.0111333
	3	0.0005109	0.9883668	0.0111222
	4	0.0005172	0.9883039	0.011179
	5	0.0005197	0.988301	0.0111793
	6	0.0005197	0.9883006	0.0111797
	7	0.0005198	0.9883005	0.0111797
	8	0.0005198	0.9883005	0.0111797
	9	0.0005198	0.9883005	0.0111797
	10	0.0005198	0.9883005	0.0111797
D(lnGDP)	1	0.0020198	0.0001314	0.9978488
	2	0.0253944	0.0055298	0.9690758
	3	0.0252554	0.0077233	0.9670213
	4	0.0253570	0.0078285	0.9668145
	5	0.0253562	0.0078467	0.9667971
	6	0.0253568	0.0078479	0.9667953
	7	0.0253568	0.0078481	0.9667951
	8	0.0253568	0.0078481	0.9667951
	9	0.0253568	0.0078481	0.9667951
	10	0.0253568	0.0078481	0.9667951

由表5-43中可知，林下经济产值在第1期的贡献度全部来自于自身。从第2期开始，来自林业投资和人均GDP的影响逐步显现。且在第2期时，林下经济产值自身提供的贡献度明显减少，被林业投资和人均GDP影响程度较为显著，其中，林业投资的影响更为强烈。在第2期往后至第7期中，林业投资与人均GDP对林下经济产值的影响缓慢增加，到第7期，林下经济产值所受的影响基本趋于稳定，以自身的影响为主，占84.17%；其次为林业投资的影响，占10.16%；人均GDP的影响相对较小，占5.66%。

林业投资的影响主要来自自身。在第1期时，人均GDP并未对林业投资产生影响，林下经济产值对林业投资提供了微弱的贡献度。从第1期到第7

期中，林下经济产值与人均 GDP 产生的影响相对提升，第 7 期时趋于稳定，并在随后保持不变。在该过程中，仍以林业投资自身的影响为主，并在趋于稳定后自身仍保持了 98.83% 的影响。

人均 GDP 除主要受到自身影响外，还受到另两个方面的影响，即林下经济产值与林业投资，其中林下经济产值相对提供的影响较林业投资方面的强。三者产生的影响均自第 1 期便开始显现，但人均 GDP 自身影响逐期递减，由 99.78% 逐渐减少为 96.7%，并趋于稳定；第 1 期开始显现的同时有来自林下经济产值的影响，并逐期增大，由 0.2% 逐渐增大为 2.54%，并趋于稳定；来自人均 GDP 的影响也在第 1 期就开始显现，并逐期增大，但影响程度较弱，仅由 0.01% 增长至 0.78%。

从预测方差分解的分析情况可以看出，3 个变量对特定内生变量的影响均在第 7 期后便趋于稳定。从长期来看，所研究对象 25 个省或直辖市地区总体的林下经济产值、林业投资、人均 GDP 三者之间均互有影响，且自身产生的影响往往占据主要地位；在短期内，林下经济产值相对来讲除自身外也显著受另两个变量影响，林业投资与人均 GDP 也是促进林下经济增长的重要因素。

（三）研究结论

本书以 2011—2018 年我国 25 个省（直辖市和自治区）较为完善的数据建立了 PVAR 模型，研究林下经济产值、林业投资、人均 GDP 的 3 个变量间的关系，得出了以下结论。

第一，Granger 因果检验结果显示，林业投资是林下经济产值的单向 Granger 原因，林下经济产值与人均 GDP 均不是林业投资的单向格兰杰原因，而林下经济产值与人均 GDP 之间存在双向格兰杰因果关系。

第二，从林下经济产值、林业投资、人均 GDP 三者之间相互影响的强弱情况与脉冲响应图可以看出，在短期内，林业投资与人均 GDP 均对林下经济产值起到明显的正向促进作用，而林业投资总是发挥着影响其余变量的作用，并不能受到相应的正反馈，即林业投资总是作为促进林下经济产值的因，而当林下经济产业发展良好时对林业投资的需求度并不会增长，但人均 GDP 在促进林下经济产业发展时能够受到相应的正反馈，即人均 GDP 越高，越能促进林下经济的发展，林下经济发展进步又能反过来提升人均 GDP，形成良好的正循环。

第三，从预测方差分解可以看出，林下经济产值在发展过程中有相对较高的程度会受到林业投资与人均 GDP 的影响；对于林业投资，其相对受到自身的影响居多，林下经济产值与人均 GDP 对其仅起到微小的影响。

第六章

我国林下经济发展对农民增收作用的案例分析

党的二十大报告明确把“全面推进乡村振兴”作为新时代新征程“三农”工作的主题，提出要“全面推进乡村振兴，坚持农业农村优先发展”，进一步指明了新时代新征程“三农”工作的总体要求和前进方向。全面推进乡村振兴，需要加快农业产业化，大力发展多种农业经营方式。在国家政策大力推动下，各地近年来大力发展林下经济，不断提高土地利用率，并依靠科技及信息服务，成功地实现了促进农民增收。但是，不同区域在发展林下经济过程各有重点和特点。各省由于不同的经济发展水平和气候特点，林下经济发展的影响因素、具体的政策措施、发展模式也有很大不同。当前，我国经济处于转变发展方式、结构优化、转换增长动力的关键时期。加快农业供给侧结构调整，促进农业和农村全要素生产率的提升，有助于持续提升我国的创新能力和国际竞争力。乡村振兴战略的实施，为“三农”工作提供了新的思路，为我国今后的发展规划了一幅新的蓝图，林下经济发展种、养、游等第一、二、三产业多元发展促进农民增收，推动中国农村经济发展，进入地域空间的重新构建和追求综合价值的新阶段。农业产业的多元化价值追求延伸到农村区域空间内的第一、二、三产业融合发展，农村现代化走向产业富民和美丽乡村同步规划与发展新阶段。因此，本节选取多个区域，涉及多种林下经济的类型，分析林下经济促进农民增收的作用，阐述政策措施、实施效果，并总结其经验。未来各地区应以乡村振兴为重心，以林下经济发展为抓手，并采取相应的推进政策。

一、东北三省林下养殖案例

随着林业转型需求越来越迫切，林下经济成了林业经济的重要组成部分，其中林下养殖业近年来发展较为迅速。林下养殖是充分利用林下自然环境，选择适合养殖的畜禽种类进行合理饲养，使林牧业优势互补、循环相生、可持续发展的现代生态养殖模式（顾晓君等，2008）。东北三省的林下养殖除了通常的林下养禽、林下养畜模式，还有具有地方特色的特种经济动物养殖，包括林下养蛙、林下养鹿等。

（一）东北三省林下养殖的优势

1. 优势及气候条件

黑龙江省土地总面积47.3万平方千米，东南部为张广才岭、老爷岭、完达山脉，北部为小兴安岭山地，西北部为大兴安岭山地，海拔高度超过300米的丘陵山地占总面积的35.8%，约16.9万平方千米（郭树平，2015）。有林地面积21.25万平方千米，占全省45%；平原面积26.28万平方千米（三江平原10.88万平方千米、松嫩平原15.4万平方千米）占55%（李玉影等，2010）。山地、丘陵、平原相间分布是发展农、林、牧、渔业生产的有利条件。黑龙江省东起抚远西至大兴安岭大林河源头，长930千米，跨14个经度；北起漠河南至东宁，长约1120千米，跨10个纬度，区域特征明显（程远，2012）。气候具有明显的四季特征，冬季严寒干燥且漫长，夏季高温多雨，呈现出冷凉湿润、昼夜温差大、光照时间长、雨热同季的气候特点，有利于生育期短、喜凉、耐低温的林下资源生长繁衍，独特的生态系统孕育了种类繁多的低温林下经济动植物资源。

吉林省位于我国东北地区的中部，地处北温带，面积18.74×10^4平方千米，地势具有明显的东南高、西北低的特点，以大黑山为界，可划分为两大地貌区：东部山地和中西部平原。大部分地区年平均气温在2℃~6℃，年降雨量在400~900毫米（王新闯等，2011）。自东部向西部呈明显的湿润、半湿润和半干旱气候差异。这种区域化明显的地理气候条件为吉林林下经济“四区五带”的布局提供了基础。

辽宁省地处中国东北地区南部，南北约跨5个纬度，东西约跨7个经度，气候条件差异相对较大（李雪铭等，2016）。辽东、辽西两侧为平均海拔800米和500米的山地丘陵（邱立红，2014）。丰富的水资源和变化较大的地理气候条件为发展农牧渔复合的林下经济提供了便利。

2. 丰富的森林资源

黑龙江省林业包括森工总局23个林业局、伊春17个林业局、大兴安岭林区10个林业局等。黑龙江省林地面积2623万公顷，占全国林地面积的

8.3%，占全省国土面积的55.5%；有林地面积2125万公顷，占全国有林地面积的10.8%，占全省国土面积的45.8%；活立木总蓄积19.28亿立方米，占全国活立木总蓄积量的12.5%；森林覆盖率46.7%。根据《黑龙江省林业产业发展规划（2016—2020年）》，黑龙江省共有森林公园107处，其中国家级森林公园60处（地方林业、森工总局、伊春和大兴安岭分别为34处、17处、7处和2处）、省级47处。北极村、雪乡、凤凰山、长寿山等森林公园已成为国内外知名的旅游区。全省已建立各类自然保护区249处，其中国家级36处（地方林业、森工总局、伊春和大兴安岭分别为22处、3处、6处和5处）、省级85处、市县级128处。独具特色的旅游资源是林下经济发展的强大动力。

吉林省是国家六大重点林区之一，截至2021年末，全省现有林业用地面积937.6万公顷，有林地面积822万公顷，森林覆盖率为44.2%，森林面积居全国第10位。东部长白山林区是一座天然的立体生物资源宝库，拥有3890余种植物，其中可开发利用的有2700余种；有动物420余种，已开发驯养的有50余种（吉林省林业和草原局，2022）。吉林省的森林旅游资源十分丰富，现有国家森林公园35处，省级森林公园22处，总面积达到258万公顷，约占吉林省国土总面积的13.76%（吉林省人民政府，2022）。

辽宁省林地面积达到713.6万公顷，森林面积612.9万公顷，森林蓄积量3.47亿立方米，森林覆盖率达到42%（《辽宁省“十四五”生态经济发展规划》）。第九次全国森林资源清查结果数据显示，全省公益林面积达到292.61万公顷，商品林面积279.22万公顷。2021年，辽宁省建立健全多元化生态保护补偿制度，筹集资金6.77亿元，对全省3489万亩国家级公益林和2040万亩省级公益林给予森林生态效益补偿。

3. 林下动物资源

黑龙江省陆生野生动物476种，其中兽类88种、鸟类361种、爬行类16种、两栖类11种，在陆生野生动物中，有东北熊、白枕鹤等国家二级保护野生动物66种（郭树平，2016）。丰富的动物种类为黑龙江省发展林下养殖，尤其是特种动物养殖提供了有利条件。

位于吉林省东部的长白山林区，是天然的立体生物资源宝库，拥有植物3890余种，可供开发利用的有2700余种；有动物420余种。其中，林蛙、马鹿的养殖已经产业化、规模化。辽宁省有丰富的野生动物资源，主要动物有梅花鹿、马鹿、林蛙、野猪、狍子等，辽宁省是林蛙的天然分布区，得天独厚的森林资源为林蛙的生存创造了良好的环境，特别是在辽宁的东部山区，许多林农开展林蛙养殖并致富。同时，辽宁省利用水资源丰富的优势发展林下养蟹，已取得成功。

（二）东北林下养殖模式

1. 林禽模式

林下养禽种类各地均有地方特色品种，还能利用林下昆虫（丁国龙等，2013）。不同类型的禽类对林下环境的要求也不尽相同。比如，散养的家禽，可以在山坡地或平地上的各种树下活动；鹅、鸭则是水禽，喜在山溪、湿地、水边活动，以水草、动物为食，适宜在杨树、柳林、河流、洲、滩林下饲养。

林下养禽，能有效地利用林下空间和林下野草资源，达到抑制杂草、提高土壤有机质的目的。同时，可以拓宽禽类的活动范围，改善禽类的抗病能力和品质，达到双重效果。由于家禽类粪便分散面积大，不易进行集中处置，容易造成水源污染和传染病扩散；不同的家禽，对环境的需求也不一样，需要根据不同的地域来选择合适的饲养品种。须合理地控制饲养密度；家禽长期践踏林地，容易造成林地硬化，特别是鸡群爱刨地啄食幼苗和地下昆虫，影响了林下植被多样性的维护。为此，应采用错时轮牧的方式，以减轻禽类对森林生态的不利影响。针对林地水源与林木类型，选用适宜的家禽饲养品种，采用天然饲料和人工就地饲养的蚯蚓等动物饲料相结合；同时，采用简易的发酵床或沼气池，对饲养量大的家禽粪便进行无害化、资源化处理。

2. 林畜模式

林下养畜是指以林下野生草本或林下人工栽培饲料植物，为大型家畜（如兔、猪、牛、羊、鹿等）供给饲料，获得绿色、安全、畅销的动物制品。林下有较大的活动空间，能为家畜提供自然、健康的活动环境，并能增强动物的抗病能力。林下中的天然新鲜饲料，对动物的生长发育和动物品质提升也有很大的促进作用；林下中 CO_2 含量的增加对植株的生长有利。家畜的践踏，有利于地面枯落物渗入土壤，转化为有机质。但是上述模式也存在一定的问题，如家畜践踏，容易造成林地硬化，对林木生长不利；家畜以树皮、嫩枝、树尖等为食，阻碍其正常生长；粪便难以进行集中处理，造成 CO_2 排放量增大；易造成面源污染，造成水源等环境恶化；必须具备专业的畜牧兽医知识及技术。羊等牲畜爱啃食树皮、草根，而林下饲养对树木、土壤造成破坏，须加以重视。总而言之，林下牲畜对森林健康的危害大于其优势，在管理上要尽量趋利避害。因此，林下饲养家畜，应远离河流、溪流，但要有足够的水供给家畜饮水、洗浴；严格控制单位数量面积，按区域圈养，采用轮圈放养；在树干底部要做好防啃护罩，并合理地处理家畜排泄物，发展沼气，把危害转化为效益。

林下养畜有别于草原放养和围栏饲养，注重集中化，小规模和高效益，并要做好疫情的处置。加强对畜牧兽医知识技术的宣传和推广，增强地方畜牧科技服务专业机构的整体服务水平。

3. 东北特种经济动物养殖模式

（1）林下养鹿

黑龙江是鹿类的发源地，生产的马鹿茸和梅花鹿茸质量远优于国外的赤鹿茸、驯鹿茸，属“东北三宝”。黑龙江的养鹿历史已经有 50 多年，养殖、加工和销售产业链已基本形成，在 2000 年前后，农民有句口头禅“养上几只鹿，致富有出路”（韩欢胜等，2014）。但在 2004 年后规模逐年缩减，到 2015 年黑龙江省养殖梅花鹿不足 4 万头，马鹿不足 0.2 万头。造成这一现象的原因如下，一是由于国家政策限制，梅花鹿是一类保护动物，马鹿是二类保护动物，我国有规定不允许人工驯养繁殖或人工栽培的国家一级野生保护动植物及其产品作为保健品的成分，以至于产品开发严重滞后，只能入药或以原材料出售。二是近些年制药厂为降低成本选用俄罗斯的驯鹿茸，严重冲击了国产鹿茸的市场份额。对于出售的原材料，如鹿尾、鹿胎、鹿鞭等，对消费者而言，处于“不便用、不会用、不敢用”的尴尬境地。

（2）林下养蛙

林蛙被视为一种珍贵的山珍，林蛙油是我国出口的传统产品，价格在每公斤300～400美元。我国林蛙的养殖以辽宁、吉林东部山区、黑龙江东部、内蒙古东北部为主（田秀华等，2009），是我国林蛙的主要生产基地和东北特色产业。主要养殖技术主要为半人工饲养，结合自然条件，辅以人工设备，对卵、蝌蚪和幼蛙进行人工饲养管理，成蛙为自然放养。

但不是所有的森林都适合林蛙养殖，林蛙是变温动物，在低温环境下，生长缓慢，温度过高，容易造成死亡；对环境的湿度有较高的要求，太阳光直接照射会对林蛙的生长和健康产生不利的影响。根据实地调查，在274处林蛙半人工养殖区域，其中99.44%的地区具有40年以上的树龄，保存50年以上的古树平均郁闭率为70%以上，这些区域的天然生态环境良好，具有重要的保护意义（王维胜，马建章，2011）。变态后的林蛙，一年有5～6个月在林中活动，以捕杀昆虫为主要食物，能有效地防止昆虫危害树木，降低人为防治害虫的投入；但与林蛙在同一生态环境中的其它动物则面临着危险，像东北林蛙和黑龙江林蛙生存竞争就非常激烈，长期可能会导致部分种群的萎缩。

（三）林下养殖存在的问题

1. 对环境的污染和森林资源造成破坏

动物种群数量在自然界中受环境容纳量限制，而林下养殖的密度都远大于自然的容纳量，这不仅会对我国的森林资源和生态环境造成严重的破坏，而且也会使其难以恢复。例如，梅花鹿会啃食树皮，在繁殖的时候，会用角蹭树，甚至会折断幼树。野猪喜爱打滚、拱地，加之对幼苗的啃食、踩踏，会造成森林植被的严重损害。在夏季降雨较多的时候，容易发生水土流失；粪便大量堆积，不进行处理会造成林区水源污染。雉鸡喜欢在林间刨食，养殖密度过大时，会使林木的根部裸露，地表植被遭到破坏，同时，其排泄物的分布面积大，难以收集和处置，还易造成水源的污染。林蛙林下养殖对生态环境造成的影响相对较小，但是养殖场需要修建孵化池、蝌蚪池和越冬池，需要修整河道，会对林地造成一定的破坏。在秋季进行林蛙回捕时，所用的塑料栅栏也会污染环境。

2. 缺乏长期规划，缺少产业化、规模化

林下养殖具有高投入、高产出、高风险，要求养殖和产品加工技术较高，较难把握市场行情变化，行业管理相对薄弱等特点（刘伟石，2006）。林下养殖特种经济动物时，上述问题更为突出。例如，毛皮动物不适合放养，在林区建场占地面积较大，当地饲料来源较少，交通不便使运输成本增高，加上市场波动大和产品用途单一，抗风险能力低等问题，导致在林区养殖较难获得很好的收益，其更适合在农区和农林交错地带饲养。例如，在黑龙江省巴彦、双城和泰康等农区饲养狐貉，在帽儿山农林交错区饲养水貂等。肉用动物如花尾榛鸡、狍等因饲养成本高，经济效益较差，一直未形成规模。

黑龙江省对特种经济动物产品的加工和开发技术较落后，综合开发利用率低，无法形成很好的产业链。例如吉林省在林蛙和梅花鹿养殖中，注重对产品的深加工，形成了完整的产业链，养殖效益较好。而黑龙江省多数养殖仍停留在以出售原材料为主的产业状态，综合利用率低，养殖效益不高。

（四）案例总结与思考

林下养殖应加强对经济动物产品的深加工和综合开发利用。林下养殖经济动物产品应以绿色、天然和有机为特色，在保障食品安全和产品质量的同时，更应注重对产品的深加工，使养殖效益最大化。例如，伊春市某杂交野猪饲养场，在逐步完善养殖技术的同时，也加工开发了野猪肉红肠和罐头等系列产品，创建了属于自己的野猪肉类品牌。在提供动物产品的同时，还可以向旅游和观赏等方面发展。例如，牡丹江市养熊企业不仅仅停留在熊胆粉原材量的生产上，还形成了产品深加工、开发和旅游观赏一体化的经营模式，取得了较好的效益。在伊春市也有以产品开发和旅游观赏等多模式相结合的杂交野猪和梅花鹿养殖场。黑龙江省是冰雪旅游盛地，在漠河和亚布力等地，除饲养梅花鹿以外，还可少量引入驯鹿和狍等观赏型动物类，推出冰雪主题系列活动，使特种经济动物林下养殖更好融入冰雪旅游文化之中。

林下养殖应选择适宜的养殖方式，控制种群密度。对提供动物产品的野禽、梅花鹿和杂交野猪等都应采取圈养方式，以减少对自然环境的破坏。对旅游观赏的动物可采用半散放的方式，通过控制放养密度和增加补饲力度，防止密度过高破坏森林植被，减少对森林环境的影响。

虽然东北地区的林下养殖的发展存在诸多问题，但仍有很大优势。东北三省的林下养殖应以林下特种经济动物为特色优势，逐渐形成养殖—加工—销售的产业链，发挥东北地区饲料廉价、林业资源丰富、养殖成本低的优势，增加市场竞争力，扩大市场份额，促进林下养殖的规模化、产业化和可持续发展。

二、宁夏隆德县林药模式案例

近年来，中药材行业蓬勃发展。从 2002 年起，随着国家有关部门及政策的大力推动，在全国已建成了若干个标准化的中草药生产基地，并取得了明显的成效。2008 年实行集体林权制度改革后，林下中药材产业一直是林下经济发展的重要模式之一，2004—2010 年，保持着较稳定的发展趋势并取得了较好的成绩。2011 年，随着国内和国际市场的不断拓展，中药材的年产量比 2010 年增加了将近 2 倍。2019 年，中国中药材产量为 450. 5 万吨，同比增长 3. 23%。2021 年产量约 487. 50 万吨，预计 2022 年中国中药材产量将达到 507. 12 万吨（中商产业研究院，2022）。在很多地区，中药材已成为主栽作物，是农民增收的主要途径，也是促进国民经济发展的一个重要行业，并处于持续发展中。近年来，“集约经济”的生产方式已经在各行各业得到了广泛的应用。“集约化生产”是利用现代科技手段，实行规模化、高密度、高效益、可持续、专业化生产。通过“集约化农业”与“林药模式”进行比较，可见，“集约化农业”虽然有其优越性，但与“林药模式”相比仍有许多缺陷，并由此归纳出林药发展的优势。具体表现为：由于现代集约化农业地区的土地长期处于高负荷生产条件下，导致轮作休闲、深翻晒田、施肥等养地技术不能实施，导致土壤品质显著改变；同时，土壤的稳定性也会受到明显影响，会对作物的生长产生极大限制，进而导致土壤的抗逆性能下降。最终造成了严重的产量制约，从而形成了一个恶性循环，使土地难以可持续利用，生态保护效益受到极大忽视，导致了很多问题。例如，农药的不正确使用、化肥过量使用造成的养分流失、水资源的浪费、环境污染等诸多问题。而林药模式发展则是因地制宜，根据不同地区的特点，开发出适合当地特色的中药，且不会只种植一种作物，还会相应地发展间作种植方式，保证了生态效益，既能充分利用土壤，又能减少农业废弃垃圾，不会造成环境污染。

（一）隆德县林药模式发展

隆德县地处宁夏六盘山区，境内分布着西北、华北和青藏高原 3 个区系的中药材，具有大量的动植物资源。全县共有 90 科 618 种药用植物资源，其中 150 余种具有较高的经济价值。特别是秦艽、柴胡、党参等中药材，不但储量大，而且品质优良，有着传统的销售市场。适宜的气候、充足的光照、肥沃的土壤和无污染的空气和水源，为人工栽培优质绿色的中药材提供了良好的环境。隆德县的中药材栽培历史较长，长期以来，群众养成了良好的种植习惯并保有浓厚的积极性，发展中药产业具有很大的发展空间。林药间作是隆德县自 2000 年开始实施的一项与当地实际情况相适应的生态建设与治理模式，已被隆德县在“退耕还林”项目中广泛推广。根据《隆德县 2022 年中药材产业发展实施方案》，将推动全县中药材总面积达到 25 万亩，总产量达到 2. 8 万吨，实现总产值 4. 2 亿元。

（二）林药复合经营的效益分析

1. 生态效益

林药复合经营是防治水土流失、增加生物多样性、维持生态系统平衡的有效手段。实施林药复合经营，可以有效地控制水土流失和土壤侵蚀，增强生态系统抵御自然灾害的能力，增加了森林覆盖率，同时，通过对以薪材为主要燃料的山区实行林药复合经营，可以减轻对森林植被的保护压力。

2. 经济效益

林药复合经营以短育长，克服了林木生产周期长、见效慢的问题，经济效益显著。

3. 社会效益

林药复合经营的集约化表现为劳动力、技术的集中投入，可以吸收更多的社会剩余劳动力，从而帮助农民脱贫致富。同时，通过实施“复合经营”，使人类的生活环境得到明显改善，生态文明意识得到加强，并生产出了大量优质的林产品和绿色中药材，从而进一步满足人们的高质量生活需要。

（三）案例总结与思考

林药复合经营具有以下优点：充分利用林间空地栽植药用植物，不占用耕地，减少用地矛盾；增加山区植被，加快植被恢复，增强森林的生态效益，预防水土流失；通过对森林资源进行立体开发，使林区经济得到快速发展，提高了经济效益；开发中药材资源，可以弥补药材供需矛盾。在林下种植中药材，充分利用自然环境，采用无公害的方式，减少农药、化肥的使用，使中药材的有效成分得到最大程度的保留，并能增强成药的保健药用价值。利用林地栽植药材的模式受市场的影响较小，尤其是部分具有较长生长期的中药材，可按市场需求和价格进行采摘。林药复合经营有利于一地多用，调节生态平衡，增加经济效益和社会效益，从而达到以短养长、长短结合、综合开发的目的。虽然林药复合经营发展很快，但目前鲜有关于林药复合经营问题的专题研究，大多都是关于林药复合后的经济效益分析，很少关注林药复合中的理论问题探讨。关于林药复合经营至少有以下问题亟待解决：①针对某种林地，林下究竟种植什么品种的药材最好？②某种药材究竟种在哪种林下最好？③林药复合种植对林木和药材植物双方究竟会产生怎样的影响？④林药复合经营后应该怎样经营管理？要解决这些问题的关键是种间关系，只有种间关系协调才能进行复合种植，否则会两败俱伤。所以，亟须开展林药复合系统的种间关系研究。

总之，林药复合经营中必须依据林木和药材的生物生态学特性，根据当地自然条件（包括气候、光照、土壤、地势、降雨量等）以及药材的不同生长特点，因地制宜地发展林下药材生产，避免盲目引种。

三、福建省建瓯县吉阳镇发展林下经济案例

福建省地处我国东南沿海，气候温和，雨热条件良好，土壤肥沃，具有发展林业的天然优势。且全省境内峰岭耸峙，丘陵连绵，有河谷、盆地穿插其间，山地、丘陵占全省总面积的80%以上。福建作为林业大省，林业建设成绩斐然，曾先后被授予“全国荒山造林绿化先进省”“造林质量优异省”等一系列荣誉。

2003年6月，新一轮集体林权制度改革就此展开，其中福建省积极响应号召，率先展开了新一轮集体林权制度改革，由于此前福建属于集体林区，经营主要依靠村民委员会经营，新一轮集体林权制度改革后，集体林地承包到户后，为了鼓励林农充分有效利用林地，林下经济应运而生。

福建省虽然自然资源条件优越，也早有林农自发发展了传统的林下经济组织形式的历史，但在林下经济的发展仍存在着较大的问题。在实践组织环节中，相较林下经济产业的品牌化和销售渠道的开拓，有关政府部门和林农自身更加重视如何选择适合当地经济水平和自然条件适合的产品，以及如何组织林农从事林下经济生产，并培训他们掌握必要的技术，反而对具体产品的后续销售不够重视，也没有向林农提供市场信息，导致营销力度不够，销售渠道也不够稳定。因此，实际应用中经常出现质量优良的产品无处可销或销售价格不理想的问题，极大打击了林农参与林下经济的热情。项目组于2018年开展了实地调研，主要通过对建瓯县吉阳镇黄富村以及周边村庄的实地走访，总结该地组织林下经济的经验。

（一）建瓯县吉阳镇和黄富乡林下经济发展

1. 建瓯县吉阳镇林下经济发展情况

建瓯市是福建省北部农业大市（县级市）全国重点林业县（市）。介于武夷山脉与鹫峰山脉间，疆域总面积4233平方千米，总人口54.5万人，其

中农业人口高达46万人。建瓯市属于低山丘陵区，四周为海拔500米以上的中、低山环绕。以杉木、马尾松、毛竹等70余种为主要树种。大宗经济树有油茶、油桐、漆树、棕榈、锥栗等14种。建瓯土地肥沃，物产丰富，农林业极其发达，市内主要形成了以木竹、茶果、畜禽三大农业主导产业，同时茶叶、莲子、芦柑等13个重点农产品具有显著优势。2021年全市农林牧渔业总产值97.13亿元，林业产值29.96亿元，增长5.7%（建瓯市国民经济和社会发展统计公报，2022）。

近年来，建瓯市大力发展林下经济，现有林业用地面积527.22万亩，林地占497.5333万亩，森林覆盖率79.8%（建瓯市林业局，2022），用于发展林下经济的林地面积达到150.3万亩，产值达到33.7亿元（福建省林业局，2022）。

其中林下养植以林下养鸡、养蜂、养羊三种模式为主，并以林下养鸡最为发达，主要采用“公司+农户”模式，共涉及373户农户，年产值可达3431万元。辰山有机食品有限公司、鑫福瑞农业发展有限公司等企业已成为建瓯市林下养鸡的带头企业。

二是林下种植。截至2019年，全市开展林下种植100.5万亩，年产值可达10.6亿元。2022年建瓯市林下种植中草药面积3010亩，产值达到903万元，为林农带来每亩3000元的收入。主要种植药用植物物种有：多花黄精、七叶一枝花、窄叶台湾榕等（国家林业和草原局，2022）。

三是采集销售、加工。建瓯市每年竹材产量4830万根、鲜笋33万吨。竹林面积、立竹量、竹材产量、鲜笋产量均位居全国县（市）之首，获得了“中国竹子之乡”等多个国字号招牌。目前，全市共有169个竹笋加工企业，55个规上企业，占全市规上企业规模的36.9%。现已形成竹产品八大系列1000余个品种，并向30多个国家和地区出口。2021年全市笋竹产业总产值为150.3亿元，包括一产23.2亿元，二产103亿元，三产24.1亿元，竹业从业人口约60000人，占农民年均可支配收入的36.4%（福建省林业局，2022）。

四是森林旅游。利用森林景观推进休闲旅游观光产业，如森林生态游等，忆源公司针对东游集镇流动人口多、交通方便的优势，以传统小吃芋饺为载体，举办芋饺节等，建设忆源森林人家，优美的景色吸引游客接踵而至。

建瓯市发展林下经济主要有林业专业合作社和龙头企业带动两种方式，

其中离不开有关部门的牵针引线和引导纠正。例如，引导辰山有机食品有限公司采取小种群化、不同林下轮作的方式，在竹林、经济林（柑桔、茶叶）、杉木用材林及生态公益林下养殖牧鸡，让养殖牧鸡的林下植被得到休养生息并帮助其在东游镇党口村、上范村竹林、茶树下建立养殖辰山牧鸡示范基地，带动农户养殖牧鸡。建瓯市发展林下经济成绩斐然，除了优秀的自然条件，还有多方面的原因。

首先是注重技术进步的重要性，第一主要是通过加强与科研机构与科研人员的合作。例如，在林下种植方面，市林业试验林场与东峰镇长溪村部分村民合作，在杉阔混交林下种植中药材黄花远志、三叶青200多亩。秦溪林业发展有限公司在林业局技术人员的指导下，采用了红菇增产措施，产量大幅提升，并在林业局开办了人工辅助红菇增产技术讲座，培训林农约200人次。林下养殖方面，如辰山公司与福建农林大学动物科学学院合作，完成了“优质鸡放养药物残留控制关键技术研究”。第二是引导发展林下经济的企业进行试验，提高产品科技含量。例如，南雅镇天牧泉养殖科技发展有限公司尝试进行中药养殖土鸡试验。

其次是建瓯市着力打造林下经济产品品牌，大力发展林下经济示范基地，2014年建立了万木林森林旅游基地、迪口镇阔叶林下红菇增产示范基地、小松镇穆墩森林人家示范基地和迪口镇蟹龙岗森林旅游示范基地等4个南平市市级林下经济示范基地。

2. 建瓯县吉阳镇黄富乡林下经济发展情况

吉阳镇位于建瓯西北部，地处建瓯、建阳、顺昌三县交界处。面积198.73平方千米。海拔高度在130～1383米，年平均气温为18.9℃。全镇基础设施完善，特色农业及该镇企业发展较快。传统高效轮作模式有：“莲—稻—菜”“瓜—莲—泻”和“莲田养鱼”等立体养殖模式。截至2017年，全镇林业用地总面积241313亩，其中有林地234302亩：无木林地4138亩。此外，灌木林地1506亩，未成林、造林地1324亩，疏林地43亩。全镇森林覆盖率达80.3%。

黄富村位于吉阳镇南部，与宅墩村相邻，南与房道镇交界，西与本镇大夫村接壤，北与本镇玉溪村相毗邻。辖区总面积28.89平方千米，其中山地面积17376亩，总耕地面积1481亩，毛竹山面积达到2384亩，柑桔921亩，锥栗1060亩。

黄富村居民主要经济收入来源于经济林，主要有锥栗林、柑橘林、毛竹林以及小雷竹等可生产竹笋的竹林。由于吉阳镇大力扶持生态农业，建设了“吉阳四宝”现代农业示范基地，逐渐形成了自己的产业和品牌，全乡几乎家家户户都兼有莲子、仙草等特色农业，且大部分林农需要花费较多心思在经济林的增收上。因此，相比于建瓯市其他乡镇，全村对林下经济的发展较为滞后，并未形成“一村一品”。在林下经济方面，大部分村民拥有自己的经济林，种植传统的锥栗以及柑橘，属于传统林下采集产业。近年来，随着相关村组织的指导，村民对经济林采取了一些提质增效的措施，套种了一些利于恢复土地生产力的其他树种，并定期进行管理等相关方面的指导，主要是利用现在的物流行业以及信息资源解决了部分村民的销售问题。因此，近年来，村里实现了增收，如过去锥栗一亩仅能收获100多斤，现在有将近200斤的产量；脐橙质量也有所提高，一年约增收10000元。目前仅有部分村民涉足新式林下经济，如林下养羊、养鸡（由于建瓯市两大龙头企业的带动作用，建瓯市其他非基地村镇也引进了竹林土鸡的品种），锥栗和柑橘林下套种金银花，林下采集竹笋、酸枣等特色的林笋，林果采集和红菇等菌类等，主要是学习邻近村镇的优秀基地。部分村民发展某种类型的林下经济实现了致富（如有村民林下养羊实现致富，盖起了新房，有村民将仙草种在自家的杉木林下套种，也实现了增收）。然而，此模式并非是长远且稳定的致富途径。大多数村民由于没有相关部门的指导，缺乏必要的技术（例如有村民想要进行茶园套种的林下经济模式，但由于无专业指导一直未实行），资金以及销售渠道和市场信息等因素，不敢贸然从事，增收成效不大，仅限于小规模个人经营，无法形成品牌，更没有营销策略支持。甚至有村民贸然模仿成功案例却未能成功的经历，目前村内林业合作组织的工作重点在毛竹、锥栗和柑橘如何实现增收方面。同时，临近村落玉溪村建有南酸枣林下采集加工基地，有部分村民参加了该项目，且附近村落有相关成功经验，因此，黄富村林下经济发展有较大进步空间。

另外，由于大部分村民过去分山时为了保障各家各户的公平，导致林地破碎化较为严重，有部分村民反映，平时去往各个山片需要花费较多时间，可能没有足够的精力和时间再发展林下经济，同时这可能也与村里劳动力大多是中老年人有一定关系。

（二）案例总结与思考

虽然黄富村的林下经济发展仅处于起步阶段，属于村民零散地参与林下经济，自发经营销售或委托其他合作社、公司销售，没有形成特色产业，也没有独立的一系列的经营销售渠道，但其有着良好的自然条件，建瓯市林业部门的大力支持以及其他乡村的成功经验，从建瓯市的其他几个成功案例不难看出，只依靠村民自己提高产品质量是不够的，需要有政府部门或其他组织在政策、技术以及宣传上的帮助，形成品牌效应，发挥规模经济的作用；同时注重与林业科研机构的合作，提高产品竞争力。发展林下经济只有真正让村民实现增收致富，让他们知道金山银山与绿水青山可以兼得，村民才会自发热情地投身于林下经济，不再放火烧锥栗林，改善因单一种植经济林导致的森林资源退化，从而可以更好地保护公益林。

因此，未来黄富村如果打算通过林下经济致富首先要形成一个以村集体为单位的林下经济基地，或与科研机构合作（应当利用好林业科技人员以及大学科研院所等类似资源），挖掘适合黄富村的林下经济发展模式；与其他村发展模式有所区别，实现差异化发展，并从产品质量上实现提升，以便树立品牌；或与发展较好的林下经济基地合作，积极寻求龙头企业或林业合作组织的帮助，加入某一已形成品牌效应的林下经济基地。同时，要注重结合新的发展模式，对于黄富村林下经济参与人员较为零散、生产规模较小而言，可以适当融入电子商务等互联网技术，因为电子商务能够聚集大量农村个体创业者或企业，发展农村电商不仅是贫困地区农民增收与脱贫的重要手段（《淘宝村与电商新变局》，汪向东，2016），也是推动农村供给侧结构性改革、促进乡村振兴的重要动力。通过引入电子商务，实现了资源、资本、技术、资源的优化配置；通过实现资本、技术、资源等的跨界优化配置，借助产业集聚、技术创新、制度优化等途径，实现了农村区域内的农业生产、农村金融服务、休闲旅游等产业的整合与协调发展。

积极利用好网络新媒体和传统媒体的广告效应，采用各种特色化的营销策略，开拓产品销售渠道。在传统林下采集发展的同时，可以在传统形式上加以林下经济的新模式，有效利用林下剩余空间。

四、福建省武平县促进林下经济发展的投融资措施案例

福建省武平县是习近平总书记亲手抓起、亲自主导的集体林权制度改革的发源地。2001 年，武平县率先开展了集体林权制度改革。“全国林改第一县”武平的做法和经验逐步推向全省和全国。2017 年 7 月 26 ~ 27 日，武平举行了全国集体林权制度改革现场经验交流会。同年 9 月，福建省武平县被国家林业局确定为全国集体林业综合改革试点，有效地推动了林下经济的进一步发展。

（一）武平县促进林下经济发展的投融资措施

武平县在林业投资和融资制度改革方面，进行了大胆而有效的探索：2004 年 6 月，在全国范围内首次进行了林权抵押贷款的试点；2013 年 7 月，在全省率先开展林权直接抵押贷款；2017 年 7 月，在龙岩市林业局、福建省农村信用合作联社龙岩办事处等多方的联合推动下，率先在全国推出了林农的信用卡——普惠金融 · 惠林卡，为林业经济发展注入新活力。

推动普惠金融 · 惠林卡业务发展，主要从以下几个方面着手：①建章立制，加强组织领导。为加快促进普惠金融 · 惠林卡业务快速和健康发展，武平县出台《中共武平县委武平县人民政府关于深化林业金融体制改革的若干意见》。制定了《武平县农村信用合作联社关于营销普惠金融 · 惠林卡业务实施办法》，为惠林卡业务推广提供制度保障，推动营销工作落到实处。②多管齐下，满足信贷需求。推出了深化林业发展“三个百分百”计划。全县全面达到林农建档“三个百分百”目标。加大林业产业贷款投放力度，明确了支持林业产业发展的阶段性目标。坚持“三个优先”原则，在风险可控前提下，给予林农和林下经济办卡申请优先受理、优先授信、优先用信的便利条件。

深入推进普惠金融整村推进工作，提升贷款覆盖面。③拓宽渠道，提升服务水平。加强与各部门的沟通联动，共同发力，构建“林业局—农信社—林农”三级联动机制，在林权服务中心设立金融服务窗口，实现一站式服务，让林农最多跑一次；获取最新林农资料，实施精准建档、精准营销；在惠林卡产品准入、利率定价、贷款贴息等方面达成共识，最大程度让利林农。审批权限下放基层网点，精简审批流程，提高惠林卡业务审批效率，最快实现当天贷款资金到账。加强业务宣传，提升产品知名度，通过赞助乡村“村晚”“武平马拉松”赛事，晚网点 LED 等多形式宣传普惠金融·惠林卡业务，提升宣传影响力。推出普惠金融·惠林卡整村推进项目，确定云礤村、捷文村、新礤等村为第一批惠林卡整村推进试点村，加速惠林卡覆盖面的提升。④强化考核，保证推广成效。根据全县各乡镇（街道）林农分布情况，对辖区 21 个网点下达普惠金融·惠林卡发卡任务，并将其纳入绩效考核体系，强化对普惠金融·惠林卡的发卡增量考核。

（二）项目发展成效

普惠金融·惠林卡是金额机构为更好地服务林农、林下经济、林业小微企业等林业产业，方便林农、林业小微企业主生产经营、存取现金、转账结算等资金需求而推出的贷记专项卡。该卡的适用对象主要有持林权证的林农、林业小微企业主及主要股东，农村从事山地开发、山林抚育、造林、木材深加工、林化产品深加工、花卉种植、果树种植，以及以武平绿茶为主的茶叶种植、加工、销售和种植药材、种植灵芝、养鸡、养兔、养羊、养蜂的森林人家、生态旅游等林下经济种养大户、个体经营者等。

普惠金融·惠林卡具有授信期限长、手续简便、利率优惠等众多优点。①手续简便。凭三证（身份证、婚姻证明和林权证或林下经济证明）即可办理，业务咨询、资源评估、抵押登记等实现林权服务一站式服务，惠林卡最快实现 1 天资金到账。②利率优惠。实行一次授信最长 5 年，额度内循环使用，按天计息，利率最高不超过基准利率 30%，暨对有林权证的林农办理的卡按月利率 7.5‰执行，以“抵押 + 收储承诺”信贷模式办理的卡按月利率 6.75‰执行。并享受政府财政贴息政策，通过息率优惠、免年费等方式累计为林农节约融资成本约400多万元。③担保灵活。可采用林农个人信用、其他自然人担保或林权抵押方式获得，惠林卡已成为林农首选融资产品。普惠金融·惠林卡推出的初衷就是要降低林农融资成本、推动林业产业的蓬勃发展，发挥金融业助推林改的积极作用。截至2020年6月底，普惠金融·惠林卡累计办理5669张，授信5.23亿元，用信3.74亿元，至今实现普惠金融·惠林卡业务零不良的局面。自推广以来，普惠金融·惠林卡在解决林农融资难、融资贵方面不仅发挥了巨大作用，也得到了社会各界的广泛认可。"普惠金融·惠林卡"成为武平林改经验被作为可复制、可推广的良好做法，在全省、全国推广。

（三）案例总结与思考

实践证明，面对林农不断增加的融资需求，单靠政府投资是远远不够的。林权抵押贷款是一种新兴的贷款业务模式。林权抵押贷款作为深化中国集体林权制度改革的配套措施，是支持林业产业现代化发展，缓解农户林业融资难的一个新的重大举措，也是林业生态产品价值实现的一条重要路径。它是金融制度的一次创新，是一种重要的林业融资模式。它还是一种将资本引入到林业生产中的方法。林业生产周期长、容易受到自然灾害及其他不稳定因素的影响，金融机构不愿向林农提供资金和贷款，造成了林业资金短缺的问题。在这样的背景下，林权抵押贷款就成为一种有效的解决林业资金瓶颈的方法，是全国逐步推进的一种重要的农村融资方式。它不仅为银行等金融机构开辟了新的信贷渠道，获得了更多的经济效益，同时，也解决了林农贷款困难问题，提升了林农的造林热情，真正实现了林农增收，形成了银行与林农的共赢局面。

武平县以林权抵押贷款、村级担保合作社为依托，创新了林业金融产品和贷款模式，普惠金融·惠林卡作为武平县林业投融资体制改革的一大尝试。为更好地服务林农、林下经济、林业小微企业等林业产业经济的发展注入了新活力，通过森林资产的盘活，实行了林权抵押贷款，解决了林农贷款难、产权流通难的问题，极大地激发了广大林农的积极性，探索出了一条"绿水青山就是金山银山"的发展道路。通过对武平县普惠金融·惠林卡发展模式的分析可以看出，要解决林农融资难、融资贵的难题，必须要有财政支持以及担保支持等。与此同时，还有多种林业金融贷款方式有待探索。现针对武平县惠林卡发展中的一些情况提出以下政策建议：

一是要加强对信款的扶持。一方面，加大信贷支持。针对林农林权抵押贷款所需付的担保金，建议财政部门应适当减少担保金，以减少林农贷款费用、简化贷款手续、提高放款利率、促进林农林业生产的积极性。另一方面，也可以拓宽信贷融资的渠道。

二是要加大财政政策支持。金融机构要加大对林业融资贷款贴息的支持力度，扩大林业融资贷款的覆盖面，包括对林业生产、经营等方面的贴息。要突出“惠林卡”的服务特色，落实好国家和财政部门的“强农惠农”政策，降低贷款利率，使林农利益最大化。

三是要加大担保支持。长期以来，对持有林权证的农户来说，评估与担保是阻碍其贷款的两大难题，可能会给林农带来更多的成本负担。尽管惠林卡具有担保灵活的特点，但在实行中还是存在一定的限制，应进一步创新担保措施，解决没有林权证不能反担保的问题，并大力推进“绿色保险”贷款，有效解决担保公司的担保风险问题。

四是要加强对林农的教育和贷款政策的宣传。提高林农对林权抵押贷款的了解程度，有利于更好地安排贷款，从而可以减少林农的贷款风险并扩大其需求。为进一步推广惠林卡政策，可以通过召开专题讨论会、宣讲会，通过通俗易懂的语言，让林农了解到该政策的重要性，掌握相关政策和程序，加深林农的认识，激发其对林权贷款的需求。

五、云南省玉龙县黎明乡旅游产业案例

云南省玉龙县黎明傈僳族乡位于丽江市玉龙县西北部，乡政府所在地距市区 93 千米。黎明乡下辖黎明、黎光、美乐等 7 个村委会，118 个村民小组，农户 4406 户，总人口 15981 人。

黎明乡资源丰富，辖区内最高海拔 4513 米，最低海拔 1300 米，形成了高寒山区、半山区、河谷区的立体型气候。全乡幅员面积 812.3 平方千米，

耕地面积有22504.72亩，人均1.46亩。目前烤烟产业已经成为黎明乡的支柱产业。黎明乡旅游资源十分丰富，拥有240千米丹霞地貌区，是“三江并流”世界自然遗产的重点景区，目前正由国家地质公园向世界地质公园迈进。

黎明村地理位置优越，背靠老君山国家公园，拥有全国最大的丹霞地貌区，自然旅游资源丰富。同时，黎明乡也是全县唯一的傈僳族乡，在各民族相互融合的过程中形成了具有浓厚当地民族特色的人文旅游资源，具备发展生态旅游业的基本条件。2003年，丽江市政府开始建设老君山景区，力图开发当地的旅游资源，积极推进旅游产业的“一体两翼”建设，成立老君山管理委员会，通过持续增强以丽江古城、玉龙雪山为主的“一体”品质，把以泸沽湖、程海，老君山为主的东西“两翼”做强做大，着力打造旅游发展第三极。

（一）发展路径

2009年，云南世博旅游控股集团有限公司借助政府招商引资的契机，投入2亿元成立了以老君山区为开发核心的子公司。世博集团拥有旅游公司55%的股权，丽江市政府通过景区内原有基础设施作价的方式获得了45%的股权。在2009—2013年，旅游公司开始积极进行景区建设工作，在老君山景区内修建了千龟山索道和安七尼栈道，设置了门禁，并且征收了河谷地区600亩土地，开办了具有当地乡土特色的河谷帐篷酒店，设置了规划完善的旅游线路，通过导游宣传等手段吸引游客，为游客提供了全方位的服务。

黎明乡的主要收入来源为烤烟、白芸豆等经济作物。烟叶的烘烤需要消耗大量能源，而白芸豆的种植则要求架设豆杆，这两种种植的发展对木材资源都有较大的需求。由于国家天保工程的实施，全面禁止采伐天然林，传统产业的发展面临危机。随着旅游公司的不断发展完善，黎明乡政府为改变传统的经济发展方式，推动当地产业优化升级，决定借助旅游产业振兴经济。为了让当地村民有序参与旅游产业发展过程中去，政府成立了玉龙县黎明乡乡村旅游合作社，鼓励当地村民通过组建马队以及劳务派遣等方式参与老君山景区建设工作。

近年来，由于旅游公司经营不善，老君山景区发展停滞不前。旅游公司在景区建设过程中的各种工程项目因面临繁杂的审批手续而存在可能停工的危险。目前，旅游公司仍拖欠工程款项导致难以获得更多银行贷款支持。游客数量减少导致旅游公司效益不断下降，资金链断条，发展前景不容乐观。旅游公司的衰落导致当地农户参与合作社的积极性减弱，农户并没有从旅游产业发展的过程中得到真正的实惠，收入水平没有得到实质性的提高。

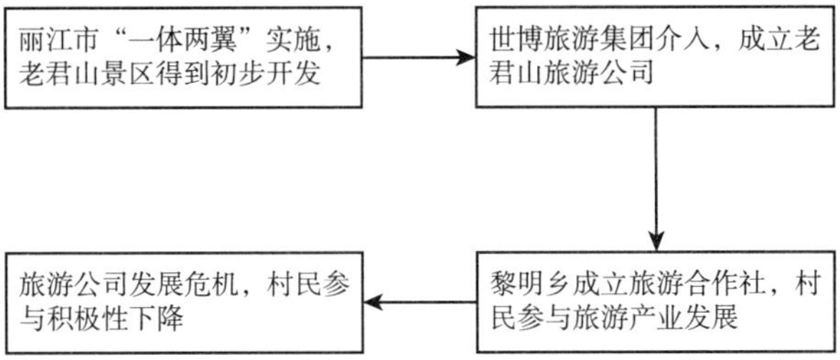

图 6－1　云南省玉龙县黎明乡旅游产业路径

（二）发展模式

目前，黎明乡的旅游产业呈现出“政府＋企业＋农户”的发展模式。三个主体在产业发展的过程中分别起到了不同的作用。政府部门发挥服务职能，对当地旅游产业的发展进行方向指导和政策支持。旅游公司是景区建设的主导力量，通过大量的资金投入完善景区基础设施的建设，依靠市场营销手段吸引游客，为游客提供垄断式服务，从而获取经济利益。当地农户充分利用旅游产业发展的机会，凭借乡土特色和地理优势为景区建设提供劳动力及文化服务，促进旅游产业的增收。政府的基础设施建设及产业扶持政策是旅游产业发展的基础；旅游公司承担景区建设工作，是旅游产业发展的主体；而如何利用好当地特有的民族文化，调动农户参与的积极性是提高旅游产业效益的关键。这三个主体相互依托，共同促进了当地旅游资源向经济效益的转化。

黎明乡政府通过建设乡村旅游合作社的方式为当地农户参与产业发展提供了便捷条件。合作社允许黎明乡内所有村民加入，每户入股资金不超过30000元，不低于100元。合作社以村民选举的方式产生理事会，由理事长统一安排合作社成员的劳务派遣等工作，并对旅游公司支付的报酬进行集中的账目处理，每年年末进行盘点与分红。合作社的建立有利于村民集中力量共同促进旅游产业的发展，统一管理资金有助于提高资金利用效率，推动地区经济进一步发展。合作社的成立让村民用一个声音说话，不仅提高了农户与旅游公司的交涉能力和风险抵御能力，还增强了农户参与旅游产业建设的热情与信心，有利于当地经济的发展。

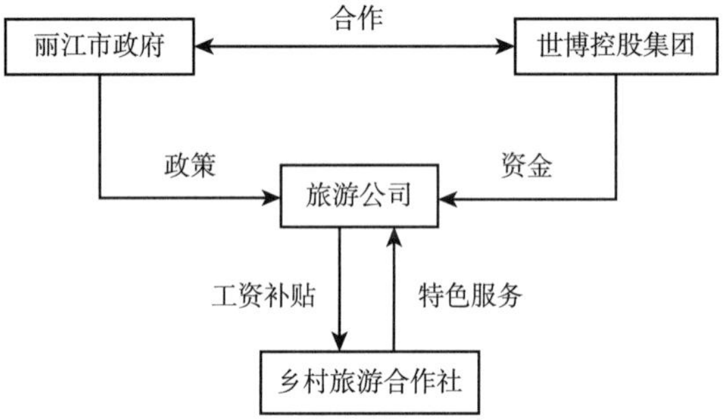

图 6-2　发展模式

（三）存在问题

1. 旅游公司经营不善

旅游公司为游客设计的旅游路线不合理，游客在老君山景区逗留的时间较短、消费较低。且由于现有的旅游服务设施单一，食宿及卫生条件较差，无法满足中高端游客的需求。景区内游客消费低，旅游商品单一，主要收入停留在门票阶段，经济效益差。旅游公司与黎明乡旅游合作社的合作程度较低，旅游公司为游客提供垄断式服务，留给当地农户的利润空间较小，导致当地经济发展受旅游产业带动的效果不明显，景区特色建设落后，没有充分发挥当地民族文化资源优势。

2. 基础设施建设薄弱

黎明村属于贫困村，基础设施建设薄弱，道路硬化程度低，对外交通条件不便，这也阻碍了大量游客进入老君山景区。各景点之间公路均为乡村公路，路面窄，道路崎岖不平，弯路多，多为盘山公路，雨季还存在塌方问题，交通通达性差。

3. 当地资本投入少

黎明乡经济发展水平低，农民收入来源单一，收入仅能维持正常家庭生活需要，没有更多可支配收入投入旅游开发中。而地方政府由于面临经济发展困难的问题，财政资金缺乏，经常入不敷出，自我发展的能力差，导致财政资金和当地政府投入都不充足。

（四）案例总结与思考

1. 发展策略

首先，加强政府支持。政府增加财政投入制定政策法规，投入旅游基本建设资金等方式营造良好的旅游行业发展环境，建立高效的旅游产业服务管理机构，实现各方有序参与协调存在的矛盾，在旅游项目上给予引导和规划，促进旅游产业发展。

其次，改善基础设施条件。通过汇集分散资金，引进社会资金等手段，由政府统筹规划，要加强公路、通信等基础设施的建设，以达到最大的经济效益。

最后，引导村民积极参与。引导村民参与旅游产业是帮助当地村民脱贫致富的最有效手段。通过开发特色居民接待，民族文化展演，挖掘地方特色饮食，修建傈僳族客栈等手段推动当地村民有序参与到旅游产业发展的过程中，让村民享受发展成果，提高村民参与的积极性。

2. 分析与思考

生态旅游产业的发展是实现绿水青山向金山银山转化的有效途径。直接将当地特有的丰富的生态环境资源作为经济发展的基础，再依靠从中获取的经济利益进一步维护地区生态环境，推动生态环境与经济建设齐头并进，共同发展。建设森林生态旅游业的过程也是实现“美丽乡村”建设的过程，能够对生态空间进行修复拓展，同时依靠森林康养等乡村特殊旅游产业也能实现对林户收入的提升。综合来看，森林生态旅游业的发展推动林区第一、二、三产业融合发展，美丽乡村建设推动农民就近、就地城镇化，将进一步打破林区单一依靠林业生产的格局。

将绿水青山转化为金山银山需要一个漫长的过程。只有优美的自然景观不能推动地区生态旅游产业的发展，不能给村民带来现实的收益。将生态环境优势转化为经济发展优势需要一定的社会经济条件做铺垫，只有具有开发生态旅游资源的经济基础才能真正推动旅游产业和谐发展。因此，经济发展水平相对落后的地区要注重基础设施建设，在保护生态环境的基础上加快经济发展速度。

随着生态环境破坏的程度不断加深，生态环境与经济发展之间的矛盾日益突出，已成为制约我国经济发展的重要因素。要想推动经济的可持续发展就必须处理好经济社会与自然环境之间的关系，这要求我们树立环保意识，全面了解保护绿水青山对构建金山银山的重要性，从长远利益出发，构建生态文明、人与自然和谐相处的现代社会。

六、北京市房山区大石窝镇推进林下经济发展案例

大石窝镇地处房山区西南，镇域面积96平方公里，山区、丘陵、平原各占1/3。辖区内有24个行政村，人口4万人。大石窝镇生态优势明显，镇内林木绿化率52.76%，森林覆盖率45.89%，人均公共绿地面积4.11平方米/人。截至2019年，大石窝镇累计实施平原造林2.45万亩（北京市房山区人民政府，2019），其中21603.8亩已进入管护期。

（一）北京市房山区大石窝镇推进林下经济发展的措施

一是探索建立新型集体林场建设必备条件及管理机制，包括资源管理模式、资金、人员、档案、培训等方面的管理体制制度。二是探索建立支持新型集体林场发展的政策制度，包括新型集体林场直接参与生态林养护工作的政策、新型集体林场建设配套服务设施政策。三是探索建立政府对新型集体林场管理的监督检查机制，对新型集体林场的人员安排、养护资金使用、资源管护质量等进行全面监督的机制。

2018 年 7 月，大石窝镇根据北京市园林绿化局组织的林场试点建设方案解读会，对区乡两级进行深入调研，编制了大石窝镇集体林场试点工作方案和林木管护方案，通过规范各项规章制度，进行制度化建设。大石窝镇新型集体林场于 2018 年底取得营业执照，并于 2019 年起正常运行。大石窝镇新型集体林场采取区乡共建方式，管辖范围 21995.7 亩，涉及 21 个村，已纳入集体林场管理的林木面积 17790 亩，涉及 21 个村，提供农村就业岗位 788 个，带动季节性雇工多人。

在推进林下经济发展的过程中，大石窝镇还大力发展“林菌”“林禽”“林药”等林下经济让“小树林”变成百姓的“绿色银行”。北京市农林科学院专家团队集中力量在大石窝镇辛庄村和广润庄村打造林下经济的“样板间”，依托“科研院所 + 企业 + 基地 + 农户”和“科研院所 + 村集体/合作社 + 基地 + 农户”的组织经营模式，采取了“试验示范—观摩培训—辐射带动”的工作机制，先在重点基地开展林下新品种新技术的试验示范，再组织农户、基地技术推广人员进行现场观摩培训，充分发挥了“样板间”的示范和辐射带动作用，促进了林下高效复合种养模式成果的转化和应用。通过两年多的建设，已在大石窝镇辛庄村和广润庄林地建设食用菌新型高棚 15 个，试验示范了 13 个食用菌优良品种及其配套高效安全栽培技术，亩均产值可达上万元。此外，专家团队还帮助村民分散建设了不少鸡舍，养殖了 3500 只“北京油鸡”盘活林地，使每亩林地成功增收 3000 ~ 5000 元。小群分散饲养的模式可以帮助除草，减少养护成本，为实现有机废弃物资源循环利用，油鸡养殖中的鸡粪以及林地树枝落叶等废弃资源进行快速好氧发酵、快速腐殖化制作有机肥，改良林地土壤，促进林地树木生长。林下种植易生长的蔬菜作为油鸡的饲料，增值增效，提高利润，形成了农林复合种养模式，实现有机废弃物资源循环利用，达到经济、社会、生态、效益最大化。

（二）项目发展成效

1. 培育新型林业经营主体取得显著突破

根据集体林业综合改革试验示范区建设任务，大石窝镇积极发展新型集体林场，并于2018年成立了首个新型集体林场。在集体林场运行中，大石窝镇编制了集体林场试点工作方案，制定了《房山区大石窝镇林下经济试点示范实施方案》，规范了各项规章制度。

2. 节约了林木养护管理成本

一是通过集体林场直接参与平原养护管理，节省了招投标等管理费用，最大限度地将养护经费用于林木养护管理，有利于提高养护水平，保障养护质量。二是引进粉碎机、秸秆高粉设备、排污清理除尘设备等，促进园林废弃物的回收再利用，有效地改善园林废弃物污染环境问题。三是与房山区有机肥厂合作，将枯死树枝及剪枝、截干的枝条集中到一起，送到有机肥厂制造成有机化肥，二次利用到平原造林地中，既有效解决了园林废弃物的堆放又能使林木得到更好的滋养。四是林下养鸡可显著减少林地管护成本，提高管护质量。鸡群粪便可以培肥土壤，促进林木生长；小群分散饲养避免大群散养对林地生态的破坏；林间种草养鸡杜绝了杂草生长，无需人工除草。

3. 推进林下经济发展

大石窝镇新建1510亩林下种养殖，林药、林粮、林菌、林禽等基地，其中林药1400亩、林粮60亩、林菌50亩、林禽4000只，建设大棚14栋、鸡舍51个，原有2000亩林下经济提升也已基本种植完成。其中，广润庄村千亩花生每年为村集体经济收入贡献13万元；王家磨村种植百亩油用牡丹以及50亩食用玫瑰，为其鲜花岛的打造提供了坚实的基础；房山区大石窝镇辛庄村林下基地解决本村45人就业，年人均增收3000元以上。2021年9月14日，辛庄村基地获得国家林草局授予的“第五批国家林下经济示范基地”；其他村林下种植花生、黄豆、黄精、丹参等，增加了季节性农民工就业100余人，提高了当地农民的经济收入。

（三）总结与思考

大石窝镇结合平原生态林管护实际需要、平原造林管护试点，培育新型集体林场，将管护与当地农民就业增收紧密结合，创新集体林经营管理模式。结合平原造林后期管护经验，积极探索平原造林地后期经营管护的模式，在高水平、高质量管理好平原造林地的同时，有效组织当地农民参与平原造林管护，推动当地农民绿岗就业，增加农民就业增收渠道，提高管护资金的使用效率，如何落实乡镇、村的主体责任是大石窝镇急需探索和解决的问题。现根据大石窝镇发展中存在的一些问题提出如下建议：

第一，坚持生态优先，多重效益并举。加强林木科学经营管理，把保护和经营好集体生态林作为首要任务，保持林地面积稳定，生态环境质量持续提升，生态环境承载量不断提高，生态、经济和社会等综合效益不断提升，探索建立可持续发展的林业经营机制，在保证森林生态系统整体稳定的基础上，利用绿色空间与绿色资源，以科学的方式发展符合产业标准、地域特色的林下经济。

第二，坚持农民主体，多方利益共赢。林下经济发展需要积极动员群众参与，倡导以共建共享为理念，利用森林经济发展的资源和优势，鼓励广大群众积极参与林下经济项目的开发，借助现代化手段打造绿色生态产业链。围绕促进农民就业增收、推动农民绿色就业，林场用工以农村集体经济组织成员为主，让更多本地农民就近养山养林就业。通过建立公平稳定长效的多方利益联结机制，统筹兼顾各方需求，实现多方共赢。同时，要适当地培育新乡贤，能够带动集体经济高效运作，乡村振兴必须建立起内在的主体基础，以促进新乡贤对农民进行引导和组织，使其成为乡村振兴的主体。

七、北京市房山区林业第一、二、三产业融合发展案例

房山区国土面积 19.89 万公顷，截至 2022 年底，房山区森林覆盖率将达到 37.05%，林木绿化率达到 64.39%，全区新增公园绿地 20 万平方米，公园绿地面积达到 1780.62 公顷，绿地面积达到 8388.16 公顷（北京日报，2021）。

房山区综改试验示范区建设主要以大石窝镇为试点，探索培育新型林业经营主体；以窦店镇、大安山乡为试点，探索创新森林经营管理制度；以大安山乡水峪村为试点，对集体林业第一、二、三产业融合发展模式等试验工

作进行创新。从 2018 年至今，试验示范建设取得显著成果。

按照中央改革部署和市委、市政府的统一安排，2009 年，房山区在确保农村发展稳定、稳步推进新农村建设、保障农民切身利益的前提下，采取“试点先行、稳步推进”的方法，将全区 156.89 万亩山区生态公益林和集体商品林纳入改革范围。全区股权证发证面积 155.07 万亩，占应发证面积的 100%，15 个有山区生态公益林的乡镇全部按时完成每年度的生态效益补偿资金发放工作。

（一）北京市房山区林业第一、二、三产业融合发展模式

1. 在培育新型林业经营主体方面

确立以房山区大石窝镇为试点乡镇。截至 2019 年，大石窝镇累计实施平原造林 2.45 万亩（北京市房山区人民政府，2019），探索创新平原造林地后期经营管护模式，在高水平、高质量管理好平原造林地的同时，有效组织当地农民参与管护，推动农民绿色岗位就业，如何落实乡镇、村的主体责任，成为该镇急需探索和解决的问题。按照市里的统一部署要求，结合集体林业综合改革试验示范区建设任务，大石窝镇积极发展新型集体林场。2018 年，成立了首个大石窝镇新型集体林场并取得营业执照。2019 年，通过探索实践，大安山乡水峪村注册登记为新型集体林场并取得营业执照。现有两个集体林场，采取区乡共建方式，健全了人员配备，完善了财务、运营、人事等相关管理制度，已正常运行。一是编制了集体林场试点工作方案，制定《房山区大石窝镇林下经济试点示范实施方案》，通过规范各项规章制度，进行制度化建设。二是促进集体林场直接参与平原养护管理，节省了招投标等管理费用，最大限度地将养护经费用于林木养护管理，提高养护水平，保障养护质量。

2. 在创新森林经营管理模式方面

林木采伐管理改革是集体林权配套改革的重要内容。房山区结合本区实际情况，创新森林经营管理模式。一是完善林木采伐审批管理制度。确立以房山区窦店镇为试点乡镇，探索下放集体林林木采伐审批权限，将“林木采

伐许可证核发”的其他采伐，且为枯死树采伐的，由乡镇自行审批，提高审批效率。二是探索森林经营精准化管理。以房山区大安山乡为试点乡镇，按照“绿岗绿景”相结合的基本原则，遵循林地保护利用规划，组织当地农民实施林地保护、利用分级管理，制定森林健康经营方案，实施造林绿化、森林抚育、防火基础设施建设、联防联治等健康经营，优化林分结构，提高森林质量，进一步激发集体林地经营活力，提高林业产出效率，着力促进农民增收。按照方案计划，已完成大安山乡2018年度、2019年度森林健康经营任务，包括示范区建设2000亩，重点区建设4360亩，一般区建设3240亩，修建观光道3100米，开设林间作业道1850米，对项目区实施梳伐、修枝、割灌、除草、扩堰等健康经营措施，补植油松、侧柏及美国红枫、黄栌、元宝枫等彩叶树种40000余株，有效提升了项目区森林健康管理水平。

3. 推动三产融合方面

确立以房山区大安山乡为试点乡镇。一是推进森林旅游、休闲康养等绿色新兴产业，助推乡村振兴。引入社会力量，利用8000亩生态林，建设水峪村的“峪壶峰”等旅游景区通过打造自然景观，对基础设施进行了完善，融合户外运动、乡村旅游、特色餐饮服务等多项产业，初步建成“玩越野、赏红叶、休闲步道走一走、农家院里住一住”的旅游发展模式。水峪村、中山村、瞧煤涧村旅游项目共修建登山步道2.58万米，补种植彩叶树种、常绿树种32500余株，分别为村中劳动力提供50多个就业岗位，全年接待游客14000人次，增收31万元。二是推进林下经济发展。在保障林木资源安全的前提下，大石窝镇新建1510亩林下种养殖，林药、林粮、林菌、林禽等基地，其中林药1400亩、林粮60亩、林菌50亩、林禽4000只，建设大棚14栋、鸡舍51个，原有2000亩林下经济提升也已基本种植完成。其中，广润庄村千亩花生每年为村集体经济收入贡献13万元；王家磨村种植百亩油用牡丹以及50亩食用玫瑰，为其鲜花岛的打造提供了坚实的基础；其他村林下种植花生、黄豆、黄精、丹参等，增加了季节性农民工就业100余人，极大提高了当地农民的收入水平。

表6－1 房山区集体林业综合改革试验示范区建设试点任务一览表

试点任务	试点地区	试点内容
培育新型林业经营主体	大石窝镇	发展集体林场，集体林场发展对接平原造林后期管护
创新森林经营管理制度	窦店镇、大安山乡	完善林木采伐审批管理制度；探索森林经营精准化管理
创新集体林业第一、二、三产业融合发展模式	大安山乡水峪村	生态旅游、森林康养、林下经济

（二）发展经验

1. 加强组织领导，确保试点示范建设顺利进行

北京市园林绿化局与房山区园林绿化局、各乡镇政府主要负责人多次组织座谈、调研，紧紧把握政策方向，协调解决综合改革试验区建设的各项问题。建立“区直接领导、镇组织实施、村具体操作”的工作机制，制定《集体林业综合改革试验任务分工》，精心组织，细化工作目标，压实工作责任，狠抓督促落实。2018年，房山区将集体林业综合改革试验区工作列入了区政府督查事项及政府绩效考评工作，成立了综改试验区工作领导小组，领导小组下设办公室，设在区园林绿化局林改办，由市园林绿化局林改办牵头，与各成员单位一同积极推动改革试验区的各项工作。

2. 加大政策支持，形成政策合力

为了积极推进改革试验区各项工作，房山区出台了《关于完善集体林权制度促进房山区林业发展实施方案》（房政发〔2019〕13号），并将其下达至全区各乡镇、部门、单位，为改革试验区建设提供了强有力的政策支持。一是相关政策向改革试验试点区倾斜。如园林绿化行业内部的造林抚育、林下经济、森林保险等政策，同等条件下优先安排改革试验试点区，助推改革任务顺利完成。同时，积极探索制定新的政策性指导文件，起草了采伐审批相关政策文件。二是注重政策集成。把平原造林养护与新型集体林场发展相结合，组织以农民为主的森林管护队伍，吸纳当地大中专毕业生，发展林业经

理人，既增加了直接用于林木建设和管护资金的比例，让政策性资金最大程度用于生态建设，提高了资金的使用率，保障了工程建设和管护质量，还促使平原造林管护与乡村治理发展融为一体，推动新型集体林场的发展。三是重视培育新型林业经营主体。通过政策倾斜，大力发展以集体林场、林业专业合作社、林业龙头企业等为主的新型经营主体。林业主管部门鼓励和引导新型经营主体以土地流转等方式扩大生产经营规模，以增加其经营效益规模。同时，林业主管部门为具有发展潜力的新型经营主体提供政策咨询、融资渠道、技术支持等服务，提升其经营发展能力。

3. 坚持生态优先，绿色发展

房山区基于城市发展新区和生态涵养区发展定位，根据该区多数区域为首都周边浅山区，有山、有水、有林、有生态，与大都市的拥挤、喧嚣、单调形成鲜明对比的特点，重视生态环境建设，也重视挖掘生态旅游资源，开展度假、休闲、休憩、娱乐等活动，打造生态旅游平台。目前青龙湖国家森林公园已经形成可与奥林匹克森林公园南北呼应的市民休闲度假地。房山区张坊镇充分利用战略合作伙伴“华夏幸福基业股份有限公司”的长远规划和招商引资平台，该区域内的所有合作项目必须通过华夏幸福平台，筛选符合绿色发展理念要求的产业合作项目，有效地防范了非绿色项目在示范区落地。与此类似，房山区大安山乡坚决杜绝“蜂拥而上”破坏林地资源的行为，筛选符合绿色发展理念要求的产业合作项目，兼顾了当地农民就业和集体经济组织收益，努力做到生态受保护、农民得实惠。

4. 推进复合化经营、规范化建设

在改革试验示范过程中，试点地区根据该区生态公益林比重大，山区林区内自然风景美、文化遗产多的特点，在严格保护的前提下，因地制宜适度开发利用绿色资源，科学发展以林下种植、森林康养和生态教育等为主的林下经济，构建农林复合系统，提高林地产出效益和村民收益，发展壮大集体经济。

房山区以新型集体林场为主要载体，积极创新集体林经营管理模式和生态资源保护发展机制体制，把绿色资源利用起来，把当地农民组织起来，把政府的惠民政策统筹起来，整体改善全区生态系统质量，全面推动生态产品供给能力增强。根据《房山区新型集体林场建设和管理实施细则》，2022 年建成新型集体林场 5 个，发展林下经济 2.5 万亩。通过探索实践，房山区正积极推动新型集体林场向全区延深。

5. 坚持农民改革主体地位，让村民因改革受益

农民不仅是集体林业综合改革的直接参与者和受益者，也是决策者和监督者。房山区在综合改革过程中非常注重尊重农民意愿，把改革政策给农民讲清楚，积极组织农民参加营林技能培训，确保农民的改革知情权和发展权。一是积极动员农民参与改革。组织有关政策的宣传和培训，让农民真正认识到集体林业改革的目标、原则、程序及主要内容，要充分听取村民意见，并实施村民民主决策，给予全面指导。二是注重提高农民营林知识和技能。先后组织农民参加房山区园林绿化系统的养护知识学习、病虫害防治、修剪打药等专业养护技术培训。通过集体林场养护林木及林下经营项目等提高了农民劳动技能，培养新型农民管理者和技术工人。三是提高农户自我发展能力。鼓励本地劳动力回归林业生产经营活动，提升劳动技能和经营能力，从事高效林果及森林旅游经营管理活动，提高以家庭为经营主体的发展能力。黄山店村把森林生态旅游作为兴绿惠民的抓手，把坡峰岭、怪石岭等自然和文化景观作为生态旅游资源，合理利用。2021 年，村民人均收入增长到 2.6 万元，全部劳动力都实现就业（新京报，2022）。

6. 注重科技创新作用，提高集体林业发展科技含量

在集体林业综合改革过程中，房山区重视科技创新作用，与北京农林科学院、北京农学院等单位进行深度合作，强化技术整合，大力推广林下种养新技术、新品种、新模式。东村食用菌种植专业合作社与北京市农林科学院合作，建立的山区林地食用菌良种良法示范基地促进了林地资源高效利用，在基地种植林地香菇、木耳等食用菌优良品种，同时对山区林地食用菌高效栽培技术进行示范，示范面积多达 100 亩，成为高山仅此一家发展林下经济的种植专业合作社。2016 年以来，房山区种植中心联系市农业技术推广站，在东村的百余亩松林下进行了高海拔山区羊肚菌的人工种植实验，并对栽培方式及措施进行了改良和优化，采取了林下小型拱棚种植模式，为羊肚菌的生长提供了有利的条件。播种后菌丝发育良好，大量菌核出现和陆续出菇，羊肚菌试种成功，栽培面积达到300平方米。此外，在黄山店村等多个森林生态旅游开发场所，无人机等高科技手段已被应用于旅游规划等建设实践中。

（三）发展经验

1. 培育林业新型经营主体有了新模式

试点地区完善利益联结机制和分配机制，让集体林场发展与林农利益“联”起来，与平原造林地后期资源管护结合起来，让新型林业经营主体发展有了业务支撑点，让农民以林就业增收有了关键平台，让平原地区森林资源管护有了专门机构，“一子落而全盘活”，改革找准了关键环节和着力点。

2. 优化森林经营管理有了新突破

在深入推进“放管服”改革的前提下，创新林木采伐管理机制，加强了森林资源开发利用的便捷服务，提升了采伐审批效率；按照问题导向，针对森林生产力水平较低、生态功能不优、综合效益较低的问题，在“精准”上下功夫，多措并举，依法保护和合理利用森林资源。

3. 林业三产融合发展有了“硬核心”

在试点地区，牢固树立“绿水青山就是金山银山”发展理念，坚持供给侧结构改革，以市场需求为导向，以健全利益联结机制为核心，以技术、制度和商业模式创新为驱动，努力构建现代林业与第二、三产业交叉融合的现代产业体系。

（四）存在问题

1. 生产经营配套用地难于落实

在发展休闲、旅游、休闲度假产业的过程中，示范区还有着一定数量的工程设施及配套设施用地的需要。根据北京市市长联席办公会纪要和《中华人民共和国森林法》要求与试点方案，房山区园林绿化局多次商请区国土资源管理部门，落实林地经营配套设施服务用地，但是区国土资源管理部门因没有市级国土资源管理部门的正式文件，强调如果业主自行在林地上修建配套设施，只能作为违规或违法建筑，进行拆除。

2. 林业劳动力老龄化问题日益突出

近年来，随着农村劳动力流动和城镇化进程加速，房山区农村老年人口逐年增加，农村劳动力老龄化严峻，进而导致林业粗放经营、不合理经营，已经成为影响集体林业可持续发展的难题。根据《北京市房山区第七次全国人口普查公报》，2020 年房山区 65 岁及以上人口为 173448 人，占常住人口比重的 13.2%，森林管护人员年纪偏大，为精细化管理增加了难度，森林防火工作压力凸显。同时，部分从事养护工作的林农超过了 60 岁，已不在缴纳社保人员范围之内，这部分林农缴纳社保存在实际困难。

3. 林权抵押贷款难

房山区在示范区建设工作中，大力推动了金融服务林业发展，但是，在林权抵押贷款、生态公益林补偿收益抵押贷款等方面，仍然存在着一些问题。由于金融机构未进行直接以林权证或承包合同为抵押的相关业务，存在着畏惧心理。究其原因，一方面是林权抵押工作成本高。房山区生态公益林比重大，森林资源质量不高，森林资源价值参差不齐，森林资源资产评估工作量大。但可能评估出来的林权价值低，导致此项工作的收益低于工作成本，金融机构不愿开展此项工作。二是缺乏林权抵押贷款风险降解机制。抵押贷款违约责任发生后，以处置用作抵押的林权来返还银行的贷款，但房山区森林资源流转市场不成熟，难以处置和变现，因此金融机构不愿放款。此外，与降低风险相对应的政策性风险补偿措施等未及时跟进，没有建立相应的林权收储担保机构，使金融在服务示范区建设方面发展空间受到一定限制。

4. 集体林产业发展政策亟待优化

集体林产业发展和林下经济扶持政策有待进一步明确和完善。虽然在示范区建设工作中，实施了一系列金融扶持政策，但林权抵押贷款、生态公益林补偿收益质押贷款等方面在实际操作中仍有障碍。部分集体林新型经营主体税收优惠减免政策尚难落实到位。林业特色产品发展缓慢，社会化与市场化服务平台、组织、技术服务等缺乏影响着林业生产规模扩大、产品品牌化建设等。林下经济发展缺乏稳定的、普惠的扶持政策，导致林下经济发展不稳定。房山区适宜休闲、旅游、度假产业发展，但由于缺乏林地流转、必要的配套设施等政策保障，有实力的企业、工商资本虽有意愿参与，但受条件限制参与程度较低。

（五）总结与思考

房山区大力推进集体林业综合改革试验示范区建设，试验示范区按照国家的总体部署，紧紧围绕供给侧结构改革，立足当地实际，精心设计方案，认真组织实施，抓住关键，重点突破，取得了显著成果，圆满完成了国家林业和草原局赋予的各项集体林业综合改革试验示范任务，尤其是林下经济获得了长足的发展。

土地、资金和劳动力是经济发展三大要素。目前，房山区集体林业发展存在用地难、融资难、劳动力投入难等问题，林业生产要素不能及时转变为生产资源，亟须通过深化改革，破解资源要素瓶颈问题。建议的措施主要有以下几个方面。

1. 完善林业金融支持制度

按照党中央、国务院决策部署和市委、市政府要求，提高金融支持力度，积极推进林权抵押贷款工作。一是林权抵质押贷款及林权收储担保融资方式的创新。健全林权抵质押贷款体系，普及“林权抵押＋林权收储＋森林保险”的贷款模式，开展林业经营权收益权质押担保贷款。组建收储管理公司，通过对林权收储担保融资模式改革，为林权贷款提供收储保障，有效克服金融机构的担忧，增强银行放贷的积极性。二是完善森林保险制度，降低林业经营风险。建立林业贷款风险补偿机制，以现有的政策性林业综合保险为基础叠加林权抵押贷款保险。三是积极引导和鼓励金融机构大力支持林业产业化经营。对符合林业产业化发展规划要求的规模化经营项目，优先落实林权抵押贷款、林业贷款贴息等政策。探索成立房山区林业产业发展基金。

2. 多措并举解决林业劳动力老龄化问题

从培育新型职业林农、新型林业经营主体入手，创新营林组织形式，增加农民林业收入，为林业现代化发展奠定劳动力基础。一是加大对林业的补贴和投入，让林业管理主体有利可图。二是促进林地向职业林农、新型林业经营主体集中。单纯依靠普惠制的林业补贴还不足以使年轻的农民留在土地上，由于小型林地经营不能像非林经营那样给劳动者带来同样的收入，因此，只有扩大经营范围，增加营林者的收入，使之成为真正的职业林农，才能克服林业的兼业化副业化，提高林业的竞争力。三是制定专门政策，吸引青年人营林。例如，国家对农村的各种补助政策要倾向青年农民，可以适当增加对青年农民的补助。四是大力发展农民林业合作社，弥补劳动力不足。实行“合作社 + 农户”的制度安排，是促进农村现代化建设，解决农村人口老龄化问题的基本方式。建立农民专业合作社，解决外出务工、经商人员不能经营、不会经营等问题。

3. 开辟特色产业

开拓创新，努力发展林业特色产业。将发展绿色产业作为推动农村增绿、农民增收、农业增效的重要举措。利用“旅游 + ”“生态 + ”等模式，使林业产业与旅游、康养等产业深度融合，加强林业发展与山水林田湖一体化规划布局。完善相关政策，鼓励社会资本参与林业生态建设和绿色产业发展。加快发展森林游憩、森林康养、花卉种苗、林下经济、养蜂等符合首都功能定位的绿色产业。充分利用林地可利用空间，因地制宜发展多种形式的林下复合经营，提高林地的综合生产力。积极发展创意林业、会展林业、体验林业、观光休闲林业，打造一批集森林游憩、森林康养、森林自然教育于一体的多功能森林休闲综合体。推动林业品牌建设，开展森林生态标志产品认定和基地建设试点，保障食用林产品安全。

八、新疆玛纳斯县集体林业综合改革试验区推进林下经济发展案例

玛纳斯县地处古尔班通古特沙漠南缘，截至 2021 年 5 月，全县辖乡镇场站 14 个，总人口 13.2 万人。根据 2020 年玛纳斯县森林资源管理相关数据，玛纳斯县林地总面积 329 万亩。其中有林地 5.59 万亩，均为乔木林；灌木林地 226.46 万亩，为国家特别规定灌木林；疏林地 0.49 万亩；无立木林地 0.18 万亩；未成林地 9.06 万亩；宜林地 87.49 万亩。2009 年被新疆吾尔自治区确定为林权制度改革试点县。经过多年不懈努力，该县集体林地确权率 100%、确权颁证率 92.5%。玛纳斯县积极探索，形成了“政府引导、规模经营、公开拍卖、依法确权”的集体林权改革模式，极大调动了农民种树、护林的积极性，同时，也给农民带来了可观的经济效益。2012 年，该县荣获全国首批农民林业专业合作社组织典型示范县。

（一）发展经验

1. 高度重视，切实加强组织领导。玛纳斯县委、县政府高度重视试验示范区建设工作，以县政府名义制定出台了《玛纳斯县 2018—2020 年集体林业综合改革试验区建设实施方案》《玛纳斯县国家级公益林社会化管理改革试点实施方案》，为全面完成试验区试验任务打下坚实基础。

2. 积极探索“三权分置”经验，积极鼓励改革、不加限制、允许多种形式的林权流转并存。鼓励具备资金、技术、信息、经营能力的企业、社会组织、经营主体，以流转、合作、入股等方式取得林地经营权，将分散的林地整合起来，形成规模经营。同时允许林业专业合作社及企业以租赁、合作、入股等方式承包耕地，用于栽培苗木花卉，其中全县林权流转面积 0.3 万亩。

3. 推进集体林权抵押贷款，完善金融支持。积极宣传并贯彻国家促进林权抵押贷款实施意见，配合金融机构进行调查研究，制定相应的政策，对防护林、退耕还林和经济林的林权证抵押贷款工作积极推进，实现了贷款数额

快速增长。广泛调动金融机构、担保公司参与到信贷和担保中来。2017 年、2018 年、2019 年，分别实现林权抵押贷款 7800 万元、1.02 亿元和 1.4 亿元；申请林业贴息贷款 3700 万元，申请贴息 74 万元，为林业发展提供了强劲动力。

4. 培育林业专业合作社，开展社会化服务。通过开展培训、观摩、交流和研讨，提高合作社建设水平。全县林业专业合作社数量由 2017 年的 56 个发展到 2019 年的 73 个，林业职业经理人数有所增加。

5. 积极开展国家级公益林社会化管理改革试点。通过建立责任、权利、利益相统一的管理机制，充分调动社会力量保护国家公益林的积极性，为国家公益林的保护和建设开辟新的途径。根据《玛纳斯县国家级公益林社会化管理改革试点实施方案》的相关规定，该县从国家级公益林中区划 5 万亩林地，面向社会公开招标，购买管护服务，推行国家级公益林社会化管理新机制。

（二）项目发展成效

1. 促进林下经济等产业快速发展。有效推动森林资源优势向经济优势转变，并在一定程度上带动和培育了一批具有较强市场竞争力的企业和名牌产品，提升了林业产业化的发展水平。2017 年、2018 年、2019 年，该县林业产业总产值分别达到 3338 万元、3437 万元和 3527 万元，农村居民人均可支配收入分别达到 2.04 万元、2.14 万元和 2.24 万元。依靠林权抵押贷款，积极支持该县酿酒葡萄、林木种苗、林下经济等产业快速发展。坚持差异化、特色化发展，推动红树莓、文冠果、梭梭接种大芸及枸杞产业发展。

2. 林权抵押贷款有序推进。制定出台《玛纳斯县集体林权抵押贷款管理办法》，拓宽林农和林业企业的融资渠道。有效落实森林资源资产抵押贷款登记服务，实现“资源变资本”。据统计，玛纳斯县近年来林权抵押贷款数量和贷款额度不断上升，提高了林木和林地利用价值，探索出实现林木、林地资源永续利用的有效途径。

3. 林地纠纷调处成绩显著。玛纳斯县高度重视林地纠纷调处工作，公正、及时处理林权纠纷问题，维护当事人合法权益，保障社会稳定，保障集体林权制度改革顺利实施。2017—2019 年，共完成林木、林地纠纷调处 45 件(次)，纠纷调处率 100%。

(三) 案例总结与思考

全面贯彻党的二十大精神，要求紧密结合经济社会发展的新形势和现代林业发展的新要求。玛纳斯县以此为指导思想，紧紧围绕乡村振兴战略，遵循“生态优先、严格保护、科学经营、合理利用”的原则，以维护国家生态安全和森林承包经营管护者权益，充分调动社会力量保护和建设国家级公益林积极性为主线。

玛纳斯县在 2018—2020 年 3 年时间内，完成试点探索、创新突破、重点环节制度建设，建立集体林地“三权分置”运行机制、培育新型林业经营主体、完善林业社会化服务体系建设，赋予林农更多财产权利。

玛纳斯县集体林业发展虽取得一定成效，但仍存在一些问题。一是农民群众通过林权抵押获得贷款、融资金额有限，满足不了其自身发展需求，农民群众持续参与集体林业综合改革实验区建设的积极性不够高。二是集体林业综合改革是一项系统工程，当前各级政府财政紧张，集体林业综合改革得不到相应项目、资金支持，改革措施的落实依然难度较大。因此，针对林业发展中存在的问题，提出以下建议：

第一，进一步规范林权流转的机制和制度。探索建立不同类型林地流转规模和期限，完善林权流转的政策细节，规范经营行为，加强市场监督与管理，防止林业资源流转后不经营或乱经营现象发生。

第二，进一步完善金融支持林业制度。探索开展林业信用贷款，规范完善林权抵押贷款等金融服务。通过设立以政府为主导的林权抵押融资风险补偿资金，拓宽经营主体的融资渠道，开展林权抵押贷款创新模式，使林权抵押贷款更加惠农和便民。

第三，探索建立综合社会化服务体系。针对集体林面积少、占全部林地比例低的实际情况，为推动工作、降低成本，将集体林业综合交易纳入当地农业综合服务平台，使经营主体放心投入、安心经营。

第四，创新林业发展模式。打破玛纳斯县现行的国家级公益林由县人民政府委托县林业主管部门通过聘任护林员进行管理的单一模式，从林业部门管理的199.43万亩国家级公益林中拿出10万亩面积，通过政府购买社会服务的方式，由社会力量介入国家级公益林管护，调动社会力量保护和建设国家级公益林的积极性，试点推行国家级公益林社会化管理新机制。为探索国家级公益林保护与建设新路子，玛纳斯县应结合实际，建立责、权、利相统一的管护机制，充分调动社会力量保护、建设国家级公益林积极性。

第五，完善部门划分，加大宣传发动。大力宣传玛纳斯县林下经济发展进展，认真总结试点经验，完善国家级公益林社会化管护机制改革试点的工作方案，并提出推进全县国家级公益林、国家森林公园、国家沙漠公园和保护区国家级（地方）公益林管护机制改革创新的工作方案。

九、陕西省宁陕县林业新型经营主体发展林下经济案例

为了支持宁陕县新型林业经营主体发展壮大，林业部门积极争取项目、资金，并出台林地流转政策，允许林地合理流动，积极帮助企业办理林地手续，助力企业发展。宁陕荣庚生物科技有限公司是宁陕县最大的一家林麝企业，主要从事林麝养殖、繁育与产业化开发等。在经营过程中，公司因林地资源有限、资金紧缺、技术力量不足等问题，经营发展受到一定影响。

（一）发展经验

宁陕县针对荣庚生物科技有限公司的扶持主要体现在以下几个方面。

一是通过积极争取、协调，将该公司正在新建的2个园区建设纳入县上重点项目，其中一个打造成观光园区，企业享受了2000余万元的资金扶持和其他政策支持。

二是由于企业自身技术力量不足，县上成立了板栗、核桃、中蜂、林麝（梅花鹿）专家工作站，与省内外相关领域的专家签订了技术服务协议，为驻

站专家提供必要的科研设备、实验场所和生活条件，落实专项科研经费和运行经费。

三是为解决林麝饲草不足的问题，政府为企业提供了价值60余万元、共40余万株的杂交构树苗，用于企业的树种培育项目。这些措施旨在扶持该企业的可持续发展。

四是依据《宁陕县林麝产业示范县实施方案》，为企业落实特种养殖奖补，对新建的圈舍按照每平方米100元的标准进行奖补，对新引进、新繁育的林麝按照每只1000元的标准进行奖补。同时，动员企业购买特种养殖商业保险、县财政给予保费80%的补助，2018年、2019年共补贴资金140余万元。

五是随着企业林下种植和饲草种植面积不断扩大，对林地的需求逐年增加，为了保障企业的发展和林业资源的合理利用，政府积极动员企业开展林地流转、协助办理林业生产用房的林地手续，帮助企业解决了用地问题，保障了企业的正常生产经营。

（二）发展成效

经过上述措施的帮扶，企业发展的瓶颈问题解决了，发展规模不断扩大，林麝养殖数量、园区面积、圈舍面积都有了大幅增加。目前已经建设3个现代林业园区，养殖林麝500余只，种植林麝饲草、中药材1000余亩，每年可产林麝幼崽200余只，麝香2公斤，各类中药材5吨以上。截至2020年，企业流转林地1050亩，发展五味子、核桃园、板栗、重楼、魔芋种植1500亩（宁陕县人民政府，2022）。陕西省动物研究所、西北农林科技大学的野生动物专家定期到养殖基地实地开展技术指导和科技攻关，不定期通过在线方式帮助解决技术难题。公司投资建设荣庚林下经济示范基地，2017年被陕西省林业厅认定为"陕西省林下经济示范基地"，2019年2月基地被认定为"国家林下经济示范基地"。2016年以来，公司共收购林麝饲草30余万斤，共计带动农户200余户稳定增收。

（三）案例总结与思考

在推进乡村振兴和发展林下经济过程中，构建新型林业经营主体，不仅是深化农村改革、振兴农村经济的重大举措，同时是各级政府积极探索放活林地经营权，释放林业活力，提升林业发展质量与经营水平的一条重要途径。宁陕县积极引导当地能人大户领办企业、建设园区，培育新型林业经营主体，不断培养储备种养殖和管理人才，不仅发展壮大了自身企业，也极大带动了当地农户增收，巩固了脱贫成效。

一方面，政府的主导为林业企业发展提供保障。为支持全县新型林业经营主体发展壮大，宁陕县林业部门积极争取项目、资金，结合当地的实际情况与市场发展趋势，引导新型经营主体找准自己的优势，积极推进标准化、品牌化、专业化加工。在政策方面，出台林地流转政策，积极帮助企业办理林地手续；同时，引进专家技术服务，助力企业发展。

另一方面，产权明晰助力生态改善。在当今世界环境和发展的需要背景下，企业的绿色创新也是不断改善生态环境的一个重要来源。荣庚生物科技有限公司作为新型林业经营主体，在“两山”理论的指导下，走绿色发展道路。荣庚生物技术有限公司为贫困户免费发放饲草、五味子等种子，并与贫困户合作种植，无偿提供菌种、种植技术，以更好地帮助贫困户实现增收和巩固脱贫成果的目标，在创造经济效益的同时促进了当地生态环境的改善。

实践表明，我国新型林业经营主体要经历由非规范向规范、由单一经营向复合经营的转变。为加快推进新型林业经营主体加的发展，一是应加大投资力度，做好示范工作，通过财政政策引导，对于符合条件的新型林业经营主体，要纳入其信用评价体系，并根据其生产经营特点，进行金融信贷产品的更新，延长贷款期限，拓宽林权抵押贷款业务范围，支持其发展。二是要进一步加强政策支持力度，从全国范围内，要制定有利于新型林业经营主体的专门政策体系，加强对新型林业经营主体的支持，切实落实国家扶持的方针政策，在资金、保险、技术、项目等方面给予扶持，为新型林业经营主体提供良好的服务环境。同时，新型林业经营主体要加强对技术人才的培训，不仅要引进高等院校、科研院所等专业人才，还要注重培养适应本企业发展的技术人才，使农民的技术水平和抗风险能力得到提升，从而真正为产品质量保驾护航。

十、安徽省长安镇村集体组织发展林下经济案例

安徽省长安镇位于绩溪县西北部，距县城 23 公里，东与华阳镇交界，西与上庄镇接壤，南与临溪镇毗邻，北与板桥头乡和旌德县相邻。辖区内有 10 个村，截至 2019 年末，长安镇户籍人口为总人口 23118 人（长安镇人民政府，2022），镇域面积 122 平方千米，林地面积 11.11 万亩，其中公益林面积 15067 亩，用材林 79672.5 亩。而浩寨村和梧川村作为全县集体林权制度改革试点村。根据中共宣城市印发《关于深化集体林权制度改革的意见》（宣发办〔2018〕21 号）和中共绩溪县印发《绩溪县深化集体林权制度改革实施方案》（委绩办〔2018〕51 号）文件精神，在守住林业生态红线的基础上，为进一步深化集体林权制度改革，促进乡村振兴战略实施，践行新发展理念，大力发展林下经济，实现了林业快速发展。

（一）发展经验

1.“三权分置”，增强村集体经济

由于部分农户在外打工，导致家中山场荒废，无人经营，且部分农户不了解如何更好地管理经营山场，以及在“三定”时期，农户山场出现“零、碎、杂”的情况，镇政府精心组织，提前谋划并以《关于组建长安镇生态林场的实施方案》（长政〔2018〕261 号）形式，积极推进集体林权制度改革，通过委托村委会集体经营的模式对山场进行统一经营管理。

（1）浩寨村委会通过村民集体会议，和各农户签订委托代管协议，农户原有享受的公益林补偿基金不变，流转代管公益林山场 3900 余亩。签订委托协议 500 余份，村委会通过整合，经林业部门规划实施中央财政森林抚育项

目1600余亩，林农人均还可获得劳务收入80元。同时增强了集体经济，山场的整合为下一步寻求合作方或以出租的方式发展林下经济奠定了良好的合作基础。

（2）梧川村通过企业参与，村集体经济明显增强。近年来，梧川村采取与大会山旅游公司签订基础设施入股协议，构建“大会山公司+村合作社+农户”农产品营销利益链条等举措，促进了村集体经济发展，也产生广泛的社会效益。以2021年集体经济收入为例，村里参与大会山入股分红8.9万元，依托“大会山公司+村合作社+农户”利益链，解决劳动用工23人。借助大会山旅游公司的有效经营，每年获得分红，林下经济得以发展的同时也增加广大农户的收入。

2. 林下经济发展，增强林农经营信心

林业投资周期比较长，为积极做好抚育工作，大力发展林下经济，种植菊花、前胡等中草药，通过近年来的实践证明，发展林下经济，能达到精细化管理和增加收入的“双提升”。实现了以短养长、长短结合，为林业的发展提供了保障。2019年种植菊花、前胡、覆盆子等中药材，面积达到1500亩以上，产值300万元。今后，将根据市场需求，积极调整种植结构，做强做优林下经济，进一步提升林农的生产积极性和预期收益。

3. 合作社经营，增强农村发展新动能

积极培育新型经营主体，大力发展合作社。目前该镇共有6个林业专业合作社。通过示范社的建设及示范带动作用，森林质量得到极大的提高，同时起到了很好的辐射效果，使周边农户积极参与进来，自发开始种植油茶，改变了重造轻管现象，从集中连片造林改变成见缝插绿造林，闲散土地合理利用，促使全镇油茶产业蓬勃发展。油茶种植面积达2.43万亩，2021年油茶产业产值达2048万元万元（长安镇人民政府，2022）。

4. 发展森林旅游，拓宽林业发展新空间

长安镇围绕一村（即“千年古村冯村”）、两道（即徽岭古道、翚岭古道）、三山（即大会山、万罗山、天路山），挖掘绿色旅游资源。加强对古道生态的保护和三山资源的利用，并加入金岭洞和大会山红色历史等元素，成功打造了长安独具一格的乡村旅游路线。在梧川村，村内农家乐场所不断增加，2019 年旅游综合收入达到了 500 万元，既增加了村集体收入，同时各村民在各农家乐打工每年能有 1000 元以上收入，从而极大地保证了农户增收，为林业发展拓宽了新空间。

（二）案例总结与思考

通过对长安镇林业快速发展路径的分析可以看出，长安镇之所以成为“绿水青山就是金山银山”的成功案例。除自身具有优越的自然条件外，还主要有制度、决策、市场等积极因素的推动。

在制度政策方面：政府主导的集体林业综合改革提供了政策支持。长安镇积极贯彻执行各项规章制度，特别是与集体林权有关的改革制度，这为后续发展奠定了良好的基础。

在集体决策方面：长安镇积极发动多主体参与，召开村民集体会议通过“三权分置”，大力发展合作社经营，并借助有关公司的有效经营，村集体经济得以提高同时也增加广大农户的收入。

在市场方面：长安镇捕捉到城市居民对生态旅游的需求，围绕一村、两道、三山，挖掘绿色旅游资源，发展特色森林生态旅游，拓宽林业发展新空间，既极大地保证了农户的收入又为林业发展拓宽了新空间，从而推动了“绿水青山就是金山银山”的成功转型。

新一轮集体林权制度被视为维护林地产权稳定最为重要的制度安排，对于促进新型经营主体进行林权流转发挥了积极作用。虽然长安镇在林业综合改革中取得了一些成绩，具有一定发展前景，但在改革中也存在着一些薄弱环节，给改革带来了一定难度。例如：①林业基础设施薄弱，管理难度比较大，招商引资也存在一定难度；②基层没有森林评估机构，给森林资源交易带来了不便；③宣传力度不够，林农认识不高，林农仍然守着自己的一亩三分地，不愿意将自己的林地进行集中经营；④新型经营主体启动资金不足，融资困难，手续繁杂。现针对长安镇在林业综合改革发展中的一些情况提出建议：

首先，要继续完善林地三权分置改革。加强顶层设计，一方面，从中央、省两级制定相应的法律、政策，从法律上对林地经营权进行担保、抵押、贷款等职能，对发证机构、发证流程、证本样式等进行了统一规范。

其次，要加强组织保障，提高经营主体认知。要充分发挥政府主导作用，加强各方面的整合，形成合力，共同推进示范区的建设，并可以建立工作互助机制，推动政府部门与林农沟通顺畅，共同推动本地区林业经济的可持续发展。

最后，需要建立一个稳定的金融支持森林体系。改革林业产权贷款制度，解决林农、企业等主体融资困难的问题。要以普惠金融为核心，加大对农村金融的扶持力度，引导社会资本参与到乡村振兴中健全政府和财政部门的责任评估机制，大力发展小额循环贷款、林权证直接抵押贷款等形式，创新林业投融资平台，拓宽林业经营主体融资渠道，破解林业投入单一等难题。

十一、安徽省旌德县林下经济发展案例

旌德县，隶属安徽省宣城市，古属歙州。位于皖南腹地，西倚黄山，东临苏浙沪，北枕皖江。旌德县辖 10 镇，总面积 904. 8 平方公里。根据第七次人口普查数据，截至 2020 年 11 月 1 日 0 时，旌德县常住人口为 112368 人。近年来，安徽省旌德县积极调整农业产业结构，依托当地林业生态资源，发展以灵芝、黄精等中药材种植为主的林下经济，帮助农民增收，助力乡村振兴。该县已被纳入国家重点生态功能区，并获批国家生态县、全国创建生态文明典范城市和国家林下经济示范基地。

（一）发展成效

1. 政策扶持，保障产业发展

该县出台了《关于加快林下经济发展的实施意见》和《关于加快林业特色产业发展的实施意见》（旌政办〔2017〕58 号），对中药材等特色产业发

展给予补助。2017—2020 年县财政共补助资金 837.8 万元，扶持林业特色产业发展。2017 年以来，实施林业产业项目 21 个，项目资金 1537 万元，其中黄精相关项目资金 900 万元，占比 59%。

2. 复合种植，坚持生态优先

在香榧、杉木、果树等林下种植黄精，达到空间、光照资源上的合理利用，做到生态、经济效益的有效提升。目前该县香榧林下种植黄精 3000 亩，杉木林下种植黄精 5350 亩，退耕还林地种植黄精 6230 亩，竹林林下复合种植黄精 2200 亩。旌德县有香榧种植基地 1.1 万亩，发展“香榧 + 黄精”复合种植潜力很大。

3. 三产融合，带动产业升级

该县以黄精种植为基础，发展第二产业，促进产业升级发展。安徽千草源生态农业开发有限公司是省级林业产业化龙头企业，主要从事黄精种苗繁育、种植及加工销售，采用“公司 + 合作社 + 基地 + 农户”的生产经营模式，建有黄精种苗繁育示范基地 300 亩，林下复合种植黄精基地 2200 余亩，黄精加工生产线一条、3000 平方米产品科研与展示中心。黄精加工业的发展促成了“订单林业”发展，该公司定向收购合作社和林农黄精鲜果，带动林农增收致富，促进乡村振兴。同时，以黄精种植为基础，黄精文化为依托，开展产学研一体化发展，将黄精产业打造成一个集种植观赏、学习研究、健康养生为一体的“黄金”产业。

4. 科技创新，促进产业发展

该县千草源公司等企业积极与安徽省科学技术研究院、安徽省农科院等科研单位开展技术合作，就黄精等中药材的种源保育、新品种选育、仿野生种植、产品开发和“多花黄精药材品质关键技术集成与示范”进行研究，培育多花黄精—皖黄精 3 号等黄精新品种 2 个。掌握黄精育苗种植关键技术，开发黄精养生保健食品 8 个。

（二）案例总结与思考

旌德县林下经济的实践发展证明，结合当地的实际状况，采用合理的发展路径可以有效调动各个经营主体的生产积极性，助推当地经济的可持续发展。本书从发展思路、政府、金融多个方面分析旌德县林下经济成功发展的内在因素与外在因素。

第一，在发展思路方面，旌德县不断提高对林下经济的认识，以“两山理论”为指导，积极探索绿水青山到金山银山转化路径，大力发展以黄精为主的林下经济产业，成为林区农民致富和村集体增收重要方式。

第二，在政府方面，旌德县政府加强政策引导，发挥财政资金扶持作用。市财政每年安排200万元扶持竹业、木本油料、中药材三大林业特色产业发展，而且各县（市、区）也出台相应的扶持政策，对发展以中药材为主的林下经济等给予奖补。例如，旌德县对林下种植黄精超过30亩的种植户，每亩补助300元；大棚种植灵芝孢子粉，每亩补助2000元。旌德县政府通过优化林业管理服务，探索生态产品价值实现机制，有效盘活生态资源，推动林业经济高质量发展，全县分散经营的林地实现适度规模经营，吸引工商资本投入打通了最后一公里，有效唤醒了林农手中沉睡的生态资源资产，提高了林农的财产性收入，壮大了村集体经济。

第三，在金融方面，旌德县通过融资贷款等方式筹措资金，推进金融支持林业。旌德县成立了林权收储中心，发放林权抵押贷款，有效调动了社会资本发展林业的积极性。加大金融扶持林业发展的力度，促进了林下经济快速发展。

未来，旌德县可以通过继续深化集体林权制度改革，积极推进林下经济发展，提高林地资源利用率，使更多的林农受益，进而推动林业的发展，提高林农的收入。

十二、浙江省龙泉市宝溪乡“林业+”林下经济发展案例

浙江省龙泉市宝溪乡地处浙闽边界，总面积148平方公里，辖11个行政村。截至2021年，全乡林地面积26.23万亩，生态公益林9.9万亩，活立木

总蓄积 98.3 万立方米，森林覆盖率 88.4%。近年来，宝溪乡在不砍树多种树的前提下，助力乡村振兴，实现留守农民、外出农民和投资企业共同富裕。

宝溪乡坚定不移践行“绿水青山就是金山银山”理念，坚持走绿色发展道路，开展林下经济预期收益贷款、林地经营权流转证制度、村级惠农担保合作社制度、公益林补偿收益权质押等系列创新实践，破解林农融资、林权流转和规模经营等难题，为金融支持林下经济发展奠定基础。2017 年，宝溪乡再次率先探索培育林改综合体，形成林业第一、二、三产业深度融合发展、林农充分参与和受益，充分释放森林生态产品价值，集资源聚合、功能整合和要素配置高效为一体的“林业 +”发展模式的林业第六产业。该乡成为全国 30 个“绿水青山就是金山银山有效实现途径”典型之一。

龙泉市宝溪乡林业发展实践证明，在经济发展的过程中，要综合社会效益和环境效益，走绿色发展道路，践行“两山”理论，只有保护好“绿水青山”，才能更好地带来“金山银山”，促进当地经济可持续发展。宝溪乡努力推动森林生态产业价值转换，大力发展林下经济。其一，成立各类农林专业合作社，农民收入逐年提高。试选宝溪乡牧野山茶油专业合作社 320 亩油茶基地和兰巨乡年年丰家庭林场林下种植的 500 亩灵芝、铁皮石斛基地，以其林下经济的预期收益确定授信额度发放贷款，首批发放林下经济预期收益贷款 2 笔 85 万元。林下经济发展成效显著，通过采取一系列措施，培育新型林业经营主体探索了多种林下经济模式的创新实践，解决了林农融资、林权流转和规模经营等难题，打造了“两山”实践的鲜活样板。目前项目的经验主要有以下几个方面。

1. 坚持林业发展与满足经营主体需求相结合

始终相信只有建设符合经营主体需求的林权改制才能更好地实现当地经济的发展。因此，在项目规划、设计及实施过程中，要兼顾群众对森林的实际需求，正确处理好林下经济发展与经营主体生产的关系，制定的建设内容、措施都充分地考虑到了经营主体对林业资源的实际需求，这样才能保证项目的顺利实施。

2. 加强金融支持，解决经营主体融资难题

龙泉市通过开展林权抵押贷款业务，推出了林农小额循环、林权直接抵押公益林补偿金质押等多种贷款方式，加大了金融支持林下经济发展力度。不仅使经营主体放心投入，安心经营，且林区百姓增加收入，提高效益，从而可以减少矛盾，使各类经营主体安心生产。

3. 坚持营林措施为主，多种措施相结合

森林的可持续经营措施是林下经济发展的重要保障，龙泉市在“两山”理论的指导下，应用现代林业的理论和方法，采取了一系列有效的培育措施，并根据本地区的特色自然优势，以森林休闲旅游为发展重点，制订绿色生态产业发展战略规划。这些措施为提高林下经济项目实施效果，提升经营主体效益提供了重要的保障。

总体来看，“两山”理论的提出，主要着眼于生态效益和经济效益，强调了生态环境建设的重要意义，在生态环境建设的过程中，也会促进地区经济的可持续发展。事实证明，以盲目消耗自然资源为代价维持生产生活的现象依然存在。所以，要实现好、发展好最广大人民的根本利益，使百姓在生态环境建设中获取利益，把经济发展推向新的高度，就必须在“两山”理论指导下的资源优势转变为经济优势，认清资源环境与经济发展之间的关系，形成合理的产业及发展模式，并使自然环境资源得到合理利用。因此，在未来林下经济发展模式的研究与制订中，要不断加强改革和探索，围绕完善乡级和村级经营方案的管理和经营制度，针对林下经济发展中存在的问题进行全面细致的深入研究，从而制定出更加具体和实用的绿色发展方案措施，使林下经济发展更具创新力和生产力，以进一步巩固林业生产，促进林业生产科学、健康发展，建设现代林业体系。

十三、浙江省丽水公益林补偿收益权质押融资案例

丽水位于浙江省西南地区、浙闽两省结合部，市域面积 1.73 万平方公里，占浙江陆地面积的 1/6。全市林业用地面积 2076 万亩，森林蓄积量超过 1 亿立方米，生态公益林 1284 万亩（国家林业和草原局，2022）。丽水是浙江

省最大的林区和全国南方重点林区市，森林覆盖率达 81.7%，居全省第一，林地面积 2076.3 万亩，森林蓄积量 9885 万立方米，为全省最高（浙江省人民政府，2022）。

（一）发展经验

2015 年，丽水市云和等地在没有其他地区的经验可借鉴的情况下，率先全国探索公益林补偿收益权质押融资机制；2016 年 10 月 14 日，国家林业局、中国原银监会在丽水联合召开林权抵押贷款调研座谈会，丽水市重点介绍公益林收益权质押贷款的做法。丽水的公益林补偿收益权质押贷款从云和率先探索、龙泉拓展简化，到丽水市的提升推广，既是三个发展阶段，又是三种融资模式。

1. 云和模式——公益林补偿收益担保基金贷款

公益林收益担保基金贷款，是指村集体或农户以公益林在未来一段时间内的补偿总收益作为质押，成立担保基金，为农户向金融机构贷款提供担保，担保倍数通常不超过收益担保基金规模的 10 倍。

2. 龙泉模式——公益林补偿收益权直接质押贷款

龙泉市紧随云和其后，首次探索公益林补偿收益权直接质押融资。其具体做法是：①由县（市、区）林业局为收益权人提供公益林补偿收益权证明；②收益权持有人凭公益林补偿收益权证明向银行申请贷款，银行最高可按年收益 10 倍放贷。

3. 丽水模式——创新公益林补偿收益权证明制度

丽水市在总结云和、龙泉两地做法的基础上，创新公益林补偿收益权证明制度。

与云和、龙泉模式相比，丽水模式主要是创新了申请人与收益权人分离、“一事一证”、有期限证明等新机制，使公益林补偿收益权质押贷款更加简便。

第一，申请人与收益权人分离。办理公益林补偿收益权证明应当由签订公益林协议的集体经济组织负责人或户主提出申请。申请人办理公益林补偿收益权证明，必须经村级组织或乡镇进行核实。自留山和责任山上的公益林，由拥有集体土地的集体经济组织负责人签字核实意见，村民小组的集体统管山公益林由村民委员会主任签署核实意见。村集体统管山公益林由乡镇有关负责人签署核实意见。

第二，“一事一证”。公益林补偿收益权证明实行“一事一证”制度。证明的事项应当明确记载，包括质押贷款、收益权转让等。超出证明范围使用的不具有证明效力。

第三，有期限证明。适用范围是质押贷款，证明期限一般为一年，证明事项未发生变化的下一年度可申请展期一年，展期次数不限。超过证明期限的不具有证明效力。其中，《丽水市公益林补偿收益权质押贷款管理暂行办法》对贷款的额度、期限要求中包括贷款资金主要用于生产经营、农村住房消费等用途，按揭贷款期限最长不超过 20 年。

（二）发展成效

第一，盘活了公益林资源资产，促进林下经济发展。作为南方重点林区，丽水全市生态公益林 1284 万亩，占林地面积的 61%；按每亩 35 元计算，每年可获省政府生态效益补偿款 4.5 亿元。开展公益林收益权质押融资，可以在不采伐林木的前提下，提高了林农财产性收入。例如，云和县大牛村农产品专业合作社创建于 2012 年 7 月，合作社针对云和县大牛村 90% 以上的劳动力转移到外地，一些长期不回家经营油茶林的农户，合作社与农户签订合同，采取林地流转、租赁、入股等方式，承包经营面积 1050 亩，其中实施低产改造 850 亩，新品种种植 200 亩；已经成为云和县油茶面积最大的专业合作社，建立示范基地 200 亩。合作社注册了生态油茶商标，林下经济发展过程中进行精加工等标准化生产，带动了周边乡镇油茶产业的持续健康发展。

云和县紧水滩镇田垟村山林面积 4350 亩，其中村集体公益林 480 亩。由 2016 年 1 月 1 日田垟村将 480 亩公益林未来 10 年补偿收益权成功流转，筹得 15 万元资金，通过公益林未来补偿收益权流转交易一次性解决了田垟村的后顾之忧，是浙江省首例公益林收益权流转的成功交易。

第二，拓宽了林农融资渠道。将林权担保融资方式从林木实物资产抵押拓展到公益林预期收益权质押，为林农搭建了新的融资平台，对于公益林面积较大的农户，方便满足其小额贷款的需求，提高了农村金融服务水平。

目前，丽水 9 县（市、区）均出台了公益林补偿收益权质押融资配套政策，8 个县（市、区）银行已开展公益林补偿收益权质押贷款业务。截至 2020 年 6 月，新发放公益林补偿收益权质押贷款 4 笔 80 万元，累计放贷 628 笔 9081 万元；贷款余额 435 笔 6556 万元。

（三）案例总结与思考

公益林补偿收益权质押融资是丽水市林权制度改革的一大创新，也是农村金融改革的一大创新。在对丽水市的公益林补偿收益权质押融资实际情况进行分析的过程中我们可以看到：丽水市作为典型的南方集体林区，通过探索公益林补偿收益权质押贷款模式，破解森林资源保护与发展难以兼顾的难题，促进森林资源更好保护、农村经济更快发展、林农生活更加富裕，实现公益林资源向资本转化，有利于森林资源的有效盘活，拓宽农村集体经济和农户融资渠道，促进“三农”发展，对促进农村经济发展具有积极作用。

不同地区的林业发展面对不同的发展模式，因地制宜，积极探索适宜本地区的集体林权制度改革路径是发展模式形成的关键。作为集体林权制度改革的配套措施，林权抵押贷款近年来取得了实质性发展，这一新型贷款模式的出现拓宽了林农融资渠道，真正给林农带来了实惠与方便，促进了林下经济的长远发展。

与此同时，由于法律地位不明确、抵押范围不广泛、林业弱质性等问题，在一定程度上阻碍了林权抵押贷款的发展。因此，为进一步健全公益林收益权质押贷款制度，解决其发展中的问题，增强公益其实施效果，并使公益林收益权质押贷款政策作用得到充分发挥，从而更好地发展林下经济，现有以下政策启示：

首先，对现行公益林补偿收益权质押融资机制实行进一步的优化。要健全林业产权的评估制度。抵押风险的根源在于对林地产权评估的偏离，评估结果是否准确、公正、评估程序是否规范、是否迅速，直接影响到银行的信用风险和贷款效率。目前丽水林区林地产权价值评估工作主要是由有关部门承担，这可能会导致森林经营效益不高、成本高的问题，因此，可以在完善林业产权价值评估制度时，引入市场竞争机制，鼓励民间第三方机构积极参与林权价值的评价。

其次，有关部门要加大对公益林补偿收益权抵押贷款政策的宣传力度、培训林农金融知识规范等方面的工作。各级政府要加强对林农的政策宣传，制定农民知识培训计划，增强林农的基本知识，让更多的林农了解到申请流程及有关规定。要充分发挥政府的领导作用，规范金融服务，为林农创造一个良好的经营环境，使更多的农民通过公益林补偿收益质押贷款政策获得利益。

最后，林业部门需要完善公益林补偿收益权质押贷款模式的相关政策细节及法律法规，加强市场监督与管理，有效保障各方合法权益，还需要继续根据本地区的实际情况及发展趋势，通过林农、企业组织及政府部门的共同努力不断改进和优化林业发展模式，健全林业经营管理体制，促进林业发展水平的提升。

十四、资源禀赋相似地区林下经济发展路径的比较分析

“两山”理念是习近平总书记提出的在社会主义现代化建设的新时期，看待资源环境与经济发展关系的全新视角，在肯定经济发展的重要地位的同时进一步强调环境保护的优先性。从本质上来说，“两山”理念就是发展理念，是针对我国目前经济社会发展过程中存在的问题进行深刻总结反思后得出的基本结论，要求我们在经济发展与生态保护相互冲突时做出正确的选择。“两山”理念是基于我国经济可持续发展的目标而提出的。经济增长包括物质经济的发展和非物质经济发展两个部分，物质经济的发展都需要消耗大量的自然资源，因而会给生态环境带来巨大的负担。由于生态环境的有限性，

物质经济的发展也有自己的极限，因而要实现经济的可持续发展就必须大力发展非物质经济。具体来说，要践行“两山”理念就必须对物质经济和非物质经济的发展方式进行调整，实现物质经济的生态稳定和非物质经济的多元化。“两山”理念所倡导的发展理念与我国可持续发展的基本思路相辅相成，推动经济的可持续发展必须以“两山”理念的基本理念为支撑。本节通过分析白沙村与河源村在自然资源条件相似的情况下发展路径的差异来总结“两山”理念与经济可持续发展之间的关系，并为地区发展提供相关的对策与建议。

（一）白沙村和河源村发展及发展情况比较

1. 临安市和玉龙县概况

临安市位于浙江省西部，北纬30°14′，东经119°42′。总面积3126.8平方千米。临安市辖5个街道、13个镇，年均降水量1613.9毫米，降水日158天，无霜期年平均为237天，受到台风、寒潮和冰雹等灾害性天气影响。临安境内地貌形态多样复杂，形成了种养业的多样化发展。境内矿产资源有30余种，矿产资源丰富。

玉龙纳西族自治县位于云南省西北部，地理坐标为东经99°23′，北纬26°34′。全县幅员面积6392.6平方千米，其中山区和半山区占95%。坐拥老君山一带，植被多样，地形起伏，民族文化多样，是一个旅游丰富的地区。由于有山地、岔地、河谷三类地貌，再加上起伏的地形和低纬度高原南亚季风气候的影响，不同民族的生活习俗的差异，最终形成了独特的文化，在农业上表现为主要种植烤烟、天麻、猪苓、养蜂等。

2. 白沙村和河源村村情简介

白沙村和河源村基本概况见表6－2。

表6－2　　调研地点基本概况

	白沙村	河源村
地理位置	隶属于嵊州市三界镇，地处于剡溪江边	隶属于九河白族乡，位于九河乡西南面

续表

	白沙村	河源村
人口民族	总户数210户，总人口630人，共6个农户小组，主要民族为汉族	总户数482户，总人口2065人，共14个农户小组，主要民族为白族、纳西族、汉族等
地形气候	地处东南丘陵地带，地势地平，以亚热带季风气候为主，水热条件充足	地处于山区，平均海拔3000米 年均温14℃，年降水量600毫米
主要产业	以农村旅游为主，传统种养殖业为辅，农家乐发展迅速	以种养殖业为主，主要种植马铃薯、白芸豆等作物。经济林木包括苹果、青梅，部分农户进行猪苓等中药材种植

3. 地区发展情况的比较

（1）相同之处

白沙村与河源村的自然资源禀赋较好，由于都拥有丰富的矿产资源，在发展的初期都采用了简单粗暴的掠夺式开采的基本模式，违背了“两山”理念与可持续发展的基本要求，最终导致了生态的破坏与经济效益的下滑。在面临生态环境恶化与经济发展放缓的双重危机之下，这两个地区最终实现了发展观念的转变，将生态环境质量作为考量地区发展的关键因素。

第一，资源禀赋相似。白沙村与河源村都拥有丰富的自然环境资源，属于资源富集型乡村。两者都位于山区地带，交通条件相对不便但拥有丰富的林业资源和矿产资源。因而如何合理开发各自地区的资源成为经济发展的关键。对于资源富集的乡村地区，如果过度依赖简单的资源采掘型的增长模式则会导致经济发展失去变革的动力，使经济很难持续发展下去。资源富集型乡村的发展只有两条道路。社会经济过分依赖资源开发与产业发展的状况不断加深，虽然能使乡村经济在短时间内得到提升，但很难再应对未来的资源枯竭与市场波动。缺乏经济的支撑产业最终会导致社会及生态的危机。合理开发地区资源的前提下寻找新的发展支撑产业，逐渐适应市场的变化，寻找属于自己的发展模式，才能从根本上实现地区的可持续发展。

对于资源富集型乡村，要践行“两山”论断的基本内涵，只有转变经济发展方式，才能实现经济的可持续发展和产业结构的优化升级，发挥地区资源环境优势，转变不利于经济发展的自然条件。白沙村拥有丰富的有色金属矿产资源，而河源村有石灰岩及煤炭矿产。发展初期不合理的矿产资源开发导致山体破坏、树木砍伐、水源枯竭、生态环境恶化。在“两山”理念的指引下，面对相同的资源环境问题必须转变发展思路，走可持续发展道路。改变传统的采掘产业为绿色生态产业，将当地的生态环境直接转化为经济优势。由于两地同为山区，要实现经济社会的可持续发展就必须完善交通条件，增强同外界联系，推动道路硬化工程的实施。资源环境状况的自然禀赋是一个地区发展的基础，实现可持续发展必须从当地实际情况入手，对当地资源环境条件进行合理的利用与改造才能从根本上推动经济社会的绿色发展。

第二，发展观念相同。白沙村与河源村在发展的初期都走过弯路，不计后果的有色金属开发及石灰岩开采严重破坏了地区的生态环境，最终导致了经济发展的停滞，发展观念的转变也由此开始。对资源富集地区而言，“资源诅咒”的现象十分常见。不合理地开发利用地区的资源环境以获取短期的经济利益从根本上不符合可持续发展的基本要求。当环境破坏的程度不断加深，农户对良好生态环境的需求不断提高，促成了环境库兹涅茨曲线拐点的到来，人们逐渐意识到良好生态环境的重要性，开始强调环境在经济发展中的作用。发展观念的转变促进了生产实践活动上的转变，在环境保护与经济发展之间存在矛盾时能够做出正确的选择。

从根本来说，观念的转变来源于实践的转变，而观念的转变将进一步促进实践的发展。农村地区的发展需要“两山”理念的先进理念指导，要实现传统发展模式的自然转变就必须让农户真正从环境保护中获益，形成环境保护的社会氛围。只有发展理念达到统一才能进一步推动生产实践进步，促进经济社会的可持续发展。

（2）不同之处

在实际的发展过程中，白沙村与河源村的发展成果存在很大差异。白沙村经济发展的水平与质量明显优于河源村。达成经济的可持续发展是一个复杂而艰巨的过程，必须实现“两山”理念与地区发展实际情况的结合，选择优势产业的同时顺应目前我国经济发展的形势，提升地区开放程度和市场化水平。

第一，资源利用效率不同。白沙村以发展乡村旅游为主要产业，将良好的资源环境转化为经济发展优势的最有效手段就是发展生态农业及旅游业。农家乐是发展生态旅游业的一种有效形式。农家乐主要是让久居城市的人深入农村，与优美的生态环境亲密接触，切实体验农家生活的一种旅游服务产业。发展乡村旅游产业需要拥有良好的生态环境与自然风光，白沙村气候宜人、多山多树，依托太湖风景区逐步形成了规模较大的乡村旅游产业发展群。乡村旅游产业发展带动了相关产业的发展，为当地村民提供了丰富的就业机会，增加了农户的收入，推动了地区基础设施建设工程，有利于实现地区经济的可持续发展。目前，白沙村已经成为临安市乃至浙江省最大的农家乐度假村。白沙村发展乡村旅游产业的成功之处在于充分发挥地区生态环境优势，直接将优美的生态环境转化为经济发展的动力，保证了资源环境不被破坏的同时的经济可持续发展。开发乡村旅游产业是对地区生态环境资源的直接开发能在很大程度提高转化效率，在短时间内促进经济效益的增长。

河源村以发展药材种植为新兴产业，主要开发猪苓等药材种植，建设种植合作社。当地村民在非政府组织丽江健康与环境研究中心的帮助下，发展环境友好型产业，树立村民的环保观念与意识。通过村规民约的方式要求村民保护当地林木资源，并在此基础上帮助村民开展新型产业，推动河源村经济发展。项目中心带领村民前往外地参观调研，帮助村民学习猪苓种植技术。部分农户加入种植合作社，为高成本的猪苓种植提供资金支持。在种植获益的同时以村规民约的形式确定了管护森林以及禁止砍伐的责任，同时开展了猪苓种植合作社作为生态经济项目。近年来，项目已经取得了较大的进展，猪苓种植合作社的开展已经形成一定的规模和管理体制，对提高农民收入水平，保护当地生态环境发挥了重要的作用。除直接将生态环境资源转化为经济发展优势外，还可以将生态环境作为经济发展的基础，发展种植、养殖等林下经济。以林业资源为依托发展新型种植业并没有充分发挥资源优势，资源利用效率相对较低，经济发展水平相对滞后。

第二，市场化程度不同。白沙村位于开放的东南沿海地带，开发历史悠久，经济发展的基础较好，道路交通条件相对较为便利。开放的环境造就了开放的文化，白沙村地区农户倾向于发展外向型的服务产业，这也是当地乡村旅游产业发展的原因之一。毗邻长江三角洲地区，受到附近经济发展的辐射与带动作用明显，市场化进程开始早，发展程度高。市场化进程的加快有利于当地产业的转型与升级，同时也促进了环保观念的推广与扩展。

而河源村位于我国西南边陲，在历史上就属于经济发展落后的地区。由于少数民族众多，各民族之间的差异导致文化的交流与融合的程度较差，地区发展缺乏凝聚力。河源村受地形影响明显，山脉阻隔带来的交通条件的不便使地区市场化程度较低，缺乏市场作为利益杠杆对地区经济发展施加影响导致发展水平的滞后。由于市场化程度较低，地区发展缺乏依托，对外联系薄弱导致信息的闭塞，在发展的过程中缺乏灵活性，很难达到经济与生态的可持续。

（二）发展路径分析

1. 路径总结

白沙村与河源村在践行“两山”理念，实现地区可持续发展的过程中走了不同的发展道路。白沙村发展乡村旅游产业，选择将地区的生态环境资源直接转化为经济发展的优势，在保护生态环境的基础上直接将环境作为发展的主体。而河源村选择将地区的生态环境作为可持续发展的载体与依托，在生态环境良好的背景下发展新型种植产业，在提高经济效率的同时保护“绿水青山”。通过以上的分析可以看出，地区的发展模式不可复制，要推动经济的可持续发展必须结合地区的实际情况，走适合自己的路。在发展的过程中要始终坚持生态环境的主体地位，把握新时期经济发展的脉络，从根本上实现“两山”理念的基本目标。地区的发展成果之间存在差异主要是受到资源、观念、产业、市场化程度的影响。资源是实现“绿水青山”向“金山银山”转化的基础，观念的更新是推动转变的前提，发展合适的产业是推动可持续发展的手段与途径，而市场化则是实现发展的根本保证。只有将这 4 种要素统一到生产实践的过程中才能真正形成适合自身发展的发展路径。

2. 存在问题

白沙村乡村旅游发展虽取得一定成效但还存在许多问题。由于大部分农家乐都是农户自主建设，自主经营，导致乡村旅游在发展过程中的规模效益不够显著，存在大量不合理竞争的现象，缺乏政府等相关部门的合理规划与管理，不利于农家乐产业的可持续发展。由于经营者以农户为主，农户受教育程度较低、专业素质水平较差、缺乏经营管理经验导致农家乐很难在短期内扩大规模、经济效益低下。农家乐的自主建设缺乏专业化的规范，由于设备设施、卫生意识等方面存在的差异导致部分农家乐的居住卫生条件较差，不能满足顾客需求，部分农家乐的电能使用管理不到位，存在安全隐患。

河源村发展猪苓种植的经验还不够成熟。由于猪苓生长周期较长，平均 3 年才能收获 1 次，导致猪苓种植应对市场风险的能力较差，价格易受到市场波动影响，农户种植猪苓的收益不稳定。猪苓种植需要较高的前期投入，平均每一亩的猪苓大概需要投入 11 万元以上，由于当地经济基础薄弱，财政扶持力度不够，发展资金短缺，很难进一步扩大猪苓种植面积，导致猪苓种植的效益不高。农户进行合作化的猪苓种植，合作的规模和水平较低，在猪苓种植过程中存在管理问题，责任划分不够明确导致效率低下。

3. 发展方向

第一，直接转化生态环境资源地区。要实现白沙村乡村旅游产业的可持续发展就必须加大规范力度，需要相关政府部门在资金及政策方面给予一定的支持。同时加强教育培训，为农户提供学习专业知识的机会，提高农户的经营能力与水平。农家乐产业需要一个明确的行业规范与标准，在农家乐设施的建设过程中必须秉承着安全卫生的基本准则，提高农家乐的服务能力和水平，为游客提供一个舒适的旅游环境。在农家乐产业发展过程中最为关键的一步就是实现地区内的行业联合。要真正形成农家乐品牌，增强对游客的吸引力，就必须团结单个的农家乐发展主体，在增强规模效应的同时，提升农家乐产业抗风险能力和竞争力。

第二，以生态环境资源为依托地区。河源村的猪苓种植产业要进一步发展就必须拥有政府的宏观引导。河源村发展的实际情况要求当地政府加大资金投入，扶持当地经济项目的建设发展。同时政府要加强服务职能，完善当地的基础设施建设，改善交通条件，提高当地群众的生活水平。目前河源村经济项目发展陷入瓶颈，需要当地村民加强与外界市场的联系与沟通，积极吸纳社会资金投入，扩大经济项目的规模。充分了解外界的市场信息，通过建立完善的销售体系与平台，降低市场风险，提高农户之间的合作能力与水平。要推动猪苓种植产业的长足发展就要提高村民文化水平。只有具有开阔的视野，掌握先进的科学知识与技术，并将它们应用于生产实践才能从根本上改变农村落后的面貌，实现传统农村产业的转型与升级。

（三）案例总结与思考

1. 结论

通过白沙村与河源村资源环境与发展路径的对比可以发现，同为资源富集型乡村却拥有不同的发展方向，发展方向的选择要结合地区的实际情况。要合理开发地区的资源生态环境只能选择直接开发地区的环境资源或者以资源环境为依托发展林下的生态经济。事实证明，不论采用何种资源开发模式都必须重视生态环境的作用，在环境保护与经济发展产生矛盾时需要作出正确的选择，坚持走可持续发展的基本道路。要践行“两山”理念就必须厘清经济发展与资源环境之间的关系，乡村旅游正改变着乡村经济社会发展方式、乡村生态面貌，推动着乡村文化复苏进程，成为农业提质增效、农民增收致富、农村繁荣稳定的重要渠道，是实现乡村振兴的重要途径，同时高效的林下产品生产等传统类生产也是落实乡村振兴的直接途径。不论是发展生态旅游产业还是绿色种植产业都需要对当地的资源环境进行合理的开发与改造。从根本来说，“两山”理念与可持续发展在发展理念上是一致的，物质经济发展的极限性决定了实现可持续发展必须依靠非物质经济。因而要在农村践行“两山”理念就需要对传统的产业发展进行合理的调整，在保护生态环境的同时，促进经济社会的发展。

2. 启示

“两山”理念在农村的实践需要一个漫长的过程，最重要的是树立可持续发展的基本观念。发展思路的转变会引导发展方向的变化与创新，事实证明依靠传统的掠夺式发展不能促进经济的长足发展，因此产业的转型与升级具有重要意义。在经济发展的过程中政府需要实现自身职能的转变，加强政府的管理与服务职能，引导农户逐步走上资源节约型和环境友好型道路，为“两山”理念的实现提供良好的社会环境和政策支持。“两山”理念强调了生态环境建设的重要意义，生态环境质量与人民群众的生活水平息息相关，进行生态环境建设也会推进地区经济发展，从根本上实现好、维护好、发展好最广大人民群众的根本利益，让人民群众在生态建设中获益，使生态建设成为百姓自发自觉的行动。

拥有一个具有良好发展前景的绿色生态产业将为地区经济的发展带来生机与活力。只有具有明确的发展目标与方向才能推进经营主体的参与加入，才会形成固定的发展模式。产业转型升级的关键是发展清洁生产与循环生产，提高资源的利用效率。将绿水青山与金山银山统一到一起最需要的就是产业的转型与升级，针对农村具体发展状况而言就需要开展经济作物的种植，建立生态立体的产业链条，提高综合收益，最终实现可持续发展。推动地区经济发展需要综合开发利用自然资源，减少资源的污染与浪费。只有合理利用自然资源才能减轻经济发展给生态环境带来的压力，才能在守住绿水青山的同时也获得金山银山。事实证明绿水青山与金山银山之间的矛盾是可以化解的，要在保护生态环境的同时促进经济的发展就需要有卓越的战略眼光，坚定可持续发展的基本理念，为农村经济的发展提供一个全新的平台。

第七章

研究结论和对策建议

一、研究结论

林下经济是充分利用森林、林地资源开展的林下种植、林下养殖、采集加工、森林景观利用等复合型生产经营。林下经济是一种在全世界范围内广泛推行的经营形式，以农林牧副渔为基础，是以林业为核心，在生产经营环节嵌入生态工程、高新技术的方法和手段，建成的一种高效、高产、优质和持续的产业体系。我国推出集体林权制度改革以来，农民从事林业生产的积极性得到提高。同时，我国的林业发展目标也逐步从木材生产为主转向以生态建设为主，为全社会提供优质生态产品、满足经济社会生态文化等多元需求已经成为林业发展的新要求。第一，林下经济具社会效益、经济效益与生态效益，是贯彻林业发展新目标的重要手段。林下经济有助于林农增收，巩固脱贫攻坚成果，扎实推动共同富裕，提高林区生产者收益并满足消费者多元化的消费需求。第二，林下经济有助于实现城乡结合，带动产业链纵深发展，同时林下经济的高质量发展能够提升林业产品附加值、推动龙头企业建设与产业规模化发展，从而发挥品牌带动效应与产业规模效应。第三，林下经济有助于提高我国农村生产力水平、提高林地资源利用效率，是推进农村现代化发展的重要举措。第四，林下经济有助于推进森林康养产业的发展，盘活优势资源，促进林业与健康养生的融合，增强林地综合利用能力并满足人民日益增长的精神需求。第五，林下经济有助于提高我国经济增长能力，林下经济产业化、规模化、组织化与市场化水平的提升，能够提高企业产品供给能力与营收能力，降低产品生产成本，打造出质量更为优异的林下经济产品，同时我国对林下经济的政策倾斜与发展指示，提升林下经济产业的发展地位，为产品附以优质实惠的标签，促使林下经济产品的美誉度受到国内外市场认可，提升我国在世界农产品市场上的竞争力，进一步扩大出口订单。第六，林下经济的发展能够进一步提升林下空间的利用效率，丰富我国种植产品、畜禽产品的供给结构，有效落实供给侧结构改革，全面优化粮食产业链，有力保障我国粮食安全。

2021年，我国林下经济发展态势稳中有进，实现“十四五”林草行业的开门红。当年林下经济的生产经营规模在全国范围内得到提高，林下经济经营和利用林地面积突破6亿亩，各类经营主体超过90万个，从业人数达到3400万人，国家林下经济示范基地总数达到649个。林下经济产业已成为我国实现“两山转化”的有效途径，是助推生态文明建设、美丽中国建设、乡村振兴的重要抓手，也是林业产业发展的新增点。涌现出浙江、江西、广西等多个产值突破百亿元水平的省区，创造了丰富多样的林下经济模式。不同区域在发展林下经济过程各有重点和特点。林下经济发展的影响因素、具体的政策措施、发展模式也有很大不同。

本书选取宁夏省和辽宁省农户做问卷调查，根据调查问卷所得数据进行实证分析；并选取东北、西北、东南、西南4个典型区域进行案例分析，在对相关部门访谈和实地调研基础上，对比调研区域的政策措施、实施效果，总结其经验。调查研究发现林农参与林下经济的行为主要受户主年龄、是否从事林业有关的经营活动、家庭林地面积、是否有资金补贴、是否有技术推广、是否建设信息服务平台这几个因素的影响。其中，从事林业有关的经营活动、资金补贴、技术推广和信息服务平台的建设均会在一定程度上促进林农开展林下经济活动。

然而，目前我国发展中林下经济产业还存在一些问题（陈幸良，2022）。第一，三产融合不够，产业链条短。三产齐全的基地和企业数量不足，林下经济产品主要还是初级产品，深加工率低，产品附加值不高。第二，市场化水平低，品牌建设弱。专业的行业协会提供的支持力度不足，多数经营者的市场意识和品牌意识有待提高，市场信息流通不畅，在种养品种选择上存在盲目性，缺乏主导产品。缺乏对标准化、品牌化的建设和产品宣传。第三，科技支撑不足，产业效益低。林产品开发利用科技水平有待提高，种养殖多沿用传统的养殖方式，生产环节中对科学养殖技术结合不够，存在成本高、效益差等问题。第四，发展资金短缺，产业规模小。林下经济一般前期投入较大，多数经营者缺乏启动资金，发展之初就受到限制，难以做大规模、拉长产业链条，表现为“小、散、弱”局面。参与林下经济开发的规模较小，农户总数不多，管理水平偏低，产值总量偏小，没有形成规模效应。第五，基础设施条件滞后，普遍存在水、电、路、通信等基础设施不配套的问题，一定程度上制约了林下经济加快发展。

二、对策建议

发展林下经济兼具经济、生态和社会意义。我国丰富的森林、林地资源和生态系统类型为助推林下经济，实现林农增收和绿色就业提供了丰富的资源基础。因此，对林下经济发展方向提出如下建议。

（一）加强林下经济品牌建设，发挥示范带头作用

林业经济具有很强的发展潜力和前景，应该延长林下经济相关产业链条，延伸其经济价值，结合森林、林地等多种资源进行发展。而受众面广、质量有保证、认可度高的林下经济品牌需要政府的支持和推广。政府可通过推出精深加工新品牌，改造提升旧品牌，打造全国知名品牌，提升林下经济产品的品牌形象。同时，需要以龙头企业为抓手，充分发挥典型引路、模范带头作用，逐步形成企业、农户、合作社、生产基地等林下经济发展新模式，提高林农的参与水平和林下经济发展的组织化程度和市场影响力。

（二）优化产业布局，提高区域竞争力

林下经济已经成为推动林业转型发展和农民增收的重要途径，特别是对森林资源较为丰富、经济发展水平比较低的地区的区域经济发展和农民增收至关重要。由于林农个体难以形成规模效应，因此应该结合当地实际情况逐步扩大林下种植的生产经营规模，带动农户参与林下种植并提高林农对林下经济规模化经营的意识，鼓励农户积极参加农村合作经济组织。此外，考虑到我国林下经济在区域层面具有显著的异质性，应充分结合各地的资源、区位、交通、市场需求等条件，优化林下经济产业布局，提高林下经济发展区域竞争力，打造具有当地特色的林下经济品牌。

（三）搞好资金服务，加大资金扶持力度

林下经济的发展离不开资金的有效供给，但是林农仅凭借家庭或者个人的务农收入不足以支持林下经济的发展建设的各个环节，因而各级政府的资金支持对林下经济发展具有十分重要的影响。应提高财政支持力度和投入水平，充分发挥政府投入的引导作用，拓宽社会投入的渠道，引导各类资源向林下经济领域流动，同时增强林农对林下经济领域的投资意愿，大力发展林下经济。

（四）健全市场流通服务体系

农民、林业专业合作社、林业企业等经营发展林下经济，其产品只有通过市场流通体系，最终进入到消费者手中，才会最终实现经济效益。政府应从多方位推进市场流通体系建设，推进实体市场建设。党的二十大对深化供给侧结构性改革、推动高质量发展提出了更高的要求，只有这样方能解决林下经济市场中的供需矛盾。各地可通过组织或参加林下经济产品展览会、农超对接、旅游采摘等方式，加快林下经济产品流通和交易。推进网络市场建设。在推进实体市场建设的同时，各地也应注重发挥网络平台的巨大优势，搭建产品互联网交易平台，疏通相关市场交易信息、提供林下产品营销经营性服务，规避部分地区的区位劣势和市场劣势，同时降低市场流通成本，提高产品流通效率。

（五）健全科技服务机制，强化科技研发和成果运用

“科学技术是第一生产力”，这在林下经济发展过程中同样适用。加强林下经济科技研发，积极推广林下经济科技成果，是提高林下经济产品的市场价值和竞争力的重要途径。各地可围绕当地林下经济发展模式和优势产业，因地制宜积极研发并推广应用研发成果，提高林下经济发展的科技运用水平和产业效益。在选种育种、病虫害防治、产品加工、仓储运输、市场分析、销售推广等环节充分运用林下经济的新技术、新模式，增加林下产品的附加值和经济效益，延伸林下经济的产业链条，打造林下经济的发展新格局。

（六）重视环境保护，深入践行“两山”理论

绿水青山是实现金山银山的前提条件，林下经济的可持续发展离不开对生态环境的有效保护。我国林业拥有丰富的土地、物种、景观等生态资源，这既是发展林下经济的禀赋优势，也是生态建设的主战场。对此我们应该形成绿色发展的有效模式，坚定走生产、生活、生态协调发展的可持续道路。因而发展林下经济应该平衡保护和发展的需求，遵循可持续发展的理论，实现生态和经济双重效益。

参考文献

[1] Ajay Mahapatra, C. Paul Mitchell. Sustainable development of no – timber forest products: Implication for forest management in India [J]. Forest Ecology and Management, 1997 (94): 15 –29.

[2] Amold J E M. Can non – timber forest products match tropical forest conservation and development objectives [J]. Ecol Econ, 2001, 39: 437 –447.

[3] Avi la – Foucat V S, Perrings C, Raffael l i D. An ecological – economic model for catchment management: The case of Tonameca, Mexico. Ecological Economics. 2009.

[4] Buckley, R. ; Pannell, J. Environmental impacts of tourism and recreation in national parks and conservation reserves [J]. Journal of Tourism Studies. 1990, 1 (1): 24 –32.

[5] Daly Herman E, Joshua Farley. Ecological economics: Principles and applications [M]. Island Press, 2004. Deying Zhou, John R Yanagida, Ujjayant Chakravorty, Ping Sun Leunng. Economic impacts from tourism [J]. Annals of Tourism Research. 1997, 24 (1): 76 –89.

[6] Dogan Gursoy, Erdogan Gavcar. International leisure tourists' involvement profile [J]. Annals of Tourism Research. 2003, 30 (4): 906 –926.

[7] Elio Canestrelli, Paola Costa. Tourist carrying capacity: A fuzzy approach [J]. Annals of Tourism Research. 1991, 18 (2): 295 –311.

[8] Islam, S. M. N. Economic modeling in sustainability science: Issues, methodology, and implications environment [J]. Development and Sustainabili-

ty. 2005, 7: 22 -24.

[9] J. E. Michael Arnold, M. Ruiz Perez. Can non - timber forest products match tropical forest conservation and development objectives? [J]. Ecological Economics, 2001, (39): 437 -447.

[10] Krishnamurthy, S. , Tzoneva, R. Impact of price penalty factors on the solution of the combined economic emission dispatch problem using cubic criterion functions [P]. Power and Energy Society General Meeting, 2012 IEEE, 2012.

[11] Krizanovic, V. , Zagar, D. , Grgic, K. Econometric analysis of demographic and socio - economic factors influencing broadband adoption in Croatian rural counties [P]. 2013.

[12] Klaus Seeland, Petra Kilchling, Ralf Hansmann. Urban consumers' attitudes towards nonwood forest products and services in switzerland and an assessment of their market potential [J]. Small - scale Forestry, 2007 (6): 443 -452.

[13] Mukoso N. Ozieh, Kinfe G. Bishu, Clara E. Dismuke et al. Trends in healthcare expenditure in United States adults with chronic kidney disease: 2002 - 2011 [J]. BMC Health Services Research, 2017, 17 (1).

[14] Stankey, George H. ; Clark, Roger N. ; Bormann, Bernard T. eds. : Learning to manage a complex ecosystem: Adaptive management and the Northwest Forest Plan [M]. Research & Development Tree search, 2006.

[15] Stryamets N, M Elbakidze, P Angelstam. Role of nonwood products for local livelihoods in countries with transition and market economy: Case studies in Ukraine and Sweden [J]. Scandinavian Journal of Forest Research, 2012 (1): 74 -87.

[16] Tickin T. The ecological implications of harvesting non - timber forest products [J]. JEcol, 2004, 41: 11 -21.

[17] Trauernicht C, Ticktin T. The effects of non - timber forest product cultivation on the plant community structure and composition of a humid tropical forest in southern Mexico [J]. For Ecol Manage, 2005 (2 -3): 269 -278.

[18] Tanja Tomić, Varja Mihajlović, Tamara Jurca, Aleksandra Tubić, De-

jan Krčmar, Jelena.

[19] Tričković, Ivana Teodorović. A contribution towards improving the applicability of the Myriophyllum aquaticum sediment contact test [J]. Environmental Sciences Europe, 2019, 31 (1).

[20] William T. Borrie, Stephen McCool, George H. Stankey. Protected area planning principles and strategies [J]. Society and Conservation Faculty Publications, 1999: 24.

[21] Wangtiankuo, Tongguangji. A study on the flow of economic factors during the process of urban and rural integration by system dynamics modeling and simulation [P]. E - Business and E - Government (ICEE), 2011 International Conference on, 2011.

[22] Wu Jian, Zhou Qing, Qian Sheng. Research on the influence factors of China's spatial welfare [P]. Management Science & Engineering (ICMSE), 2014 International Conference on, 2014.

[23] William Mckillop, Amin Sarkar. Sustainable development of forest in industrialized countries [J]. Agricultural Economics, 1996, (14): 175 - 184.

[24] Gosling E, Reith E, Knoke T, et al. Exploring farmer perceptions of agroforestry via multi - objective optimisation: A test application in Eastern Panama [J]. Agroforestry Systems, 2020, 94 (5): 2003 - 2020.

[25] Awazi N P, Avana - Tientcheu M L. Agroforestry as a sustainable means to farmer - grazier conflict mitigation in Cameroon [J]. Agroforestry Systems, 2020, 94 (6): 2147 - 2165.

[26] Araujo J, Souza A N, Joaquim M S, et al. Use of the activity - based costing methodology (ABC) in the cost analysis of successional agroforestry systems [J]. Agroforestry Systems, 2020, 94 (1): 71 - 80.

[27] Baig M B, Burgess P J, Fike J H. Agroforestry for healthy ecosystems: Constraints, improvement strategies and extension in Pakistan [J]. Agroforestry Systems, 2021, 95 (5): 995 - 1013.

[28] Nyong A P, Ngankam T M, Felicite T L. Enhancement of resilience to

climate variability and change through agroforestry practices in smallholder farming systems in Cameroon [J]. Agroforestry Systems, 2020, 94 (3): 687 – 705.

[29] Westholm L, Ostwald M. Food production and gender relations in multi-functional landscapes: A literature review [J]. Agroforestry Systems, 2020, 94 (2): 359 – 374.

[30] Notaro M, Gary C, Deheuvels O. Plant diversity and density in cocoa – based agroforestry systems: How farmers' income is affected in the Dominican Republic [J]. Agroforestry Systems, 2020, 94 (3): 1071 – 1084.

[31] Stöcker C M, Bamberg A L, Stumpf L, et al. Short – term soil physical quality improvements promoted by an agroforestry system [J]. Agroforestry Systems, 2020, 94 (5): 2053 – 2064.

[32] 吴蒙．林下经济发展模式与对策 [J]. 安徽农学通报（上半月刊), 2012, 18 (17): 151 – 152.

[33] 本刊编辑部．且看农民的"第四次创造" [J]. 乡村科技, 2019 (21): 4.

[34] 毕兴, 张林, 粟海军, 张明明．自然保护区生态旅游对农户可持续生计的影响 [J]. 林业经济问题, 2020, 40 (05): 464 – 472.

[35] 不忘初心 牢记使命 紧跟新形势林业建设步伐 [J]. 内蒙古林业, 2021 (01): 14 – 17.

[36] 曹红梅．发展林下经济 助农致富增收——关于康平县发展林下经济的调查与建议 [J]. 沈阳干部学刊, 2010, 12 (05): 62 – 64.

[37] 曾起艳, 曾寅初, 丁烨．消费者在线上市场更愿意为有机生鲜买单吗? [J]. 农业现代化研究, 2018, 39 (05): 734 – 742.

[38] 常英新, 吕青青．浅析农民职业教育提质培优发力点 [J]. 农民科技培训, 2021 (04): 38 – 40.

[39] 陈波, 李雄光, 李娅．云南省林下经济主要发展模式探析——基于对云南省典型案例的调查研究 [J]. 林业经济问题, 2013, 33 (06): 510 – 518.

[40] 陈际瓦．发挥优势 加强领导 积极探索林下经济发展新路子

[J]. 林业经济, 2011 (11): 11 - 13.

[41] 陈金豪. 尤溪县新型林业经营主体发展现状与对策 [J]. 中国林业经济, 2019 (02): 97 - 100.

[42] 陈罗炜, 张美艳. 福建省重点生态区位商品林赎买资金筹集与运行解析 [J]. 湖北经济学院学报 (人文社会科学版), 2020, 17 (05): 46 - 48.

[43] 陈鹏宇. 林下经济高质量发展路径浅析——以贵州省为例 [J]. 贵州社会主义学院学报, 2022 (03): 82 - 87.

[44] 陈玉新, 任雪君. 新《森林法》转变和观望 [J]. 合作经济与科技, 2021 (15): 186 - 187.

[45] 陈忠, 吴桃珠, 王晓芳. 农业种植因素对农业种植结构的影响及优化对策 [J]. 农家参谋, 2018 (14): 36.

[46] 陈宗杰. 浅析平和县林业发展机遇与挑战 [J]. 内蒙古林业调查设计, 2022, 45 (02): 83 - 84 + 89.

[47] 程铁军, 笪源洁. 收入均衡、碳排放量与经济增长 [J]. 软科学, 2022, 36 (03): 68 - 74.

[48] 崔明杰, 王玉华, 柏鲁林, 孙普金, 陈勇, 王力军, 张连德, 车素英. 商河县林下经济种养模式及效益分析 [J]. 中国林副特产, 2012 (04): 97 - 100.

[49] 翟明普. 关于林下经济若干问题的思考 [J]. 林产工业, 2011, 38 (03): 47 - 49 + 52.

[50] 丁国龙, 谭著明, 申爱荣. 林下经济的主要模式及优劣分析 [J]. 湖南林业科技, 2013, 40 (02): 52 - 55.

[51] 丁秀玲, 薛彩霞, 高建中. 林业科技服务对农户经营林下经济行为的影响研究 [J]. 林业经济问题, 2018, 38 (05): 52 - 58 + 106.

[52] 高鹤淇, 黄海燕, 罗钰清. 后脱贫攻坚中贵州省林下经济发展 SWOT 分析 [J]. 广东蚕业, 2022, 56 (05): 139 - 141.

[53] 高兆蔚. 福建省林下经济发展初探 [J]. 林业勘察设计, 2012 (02): 9 - 10.

［54］耿国彪．林下经济能否成为林草产业下一个蓝海［J］．绿色中国，2022，590（04）：8－15.

［55］龚国芳，邓莹莹，刘华清，刘胜勇，董梅．孝南区林业发展现状、主要问题与对策建议［J］．湖北林业科技，2020，49（02）：65－67.

［56］郭兰香，李叶华，李玉琼．发展林下经济 促进林农增收［J］．中国林业，2012（06）：60.

［57］韩锋，赵麟萱，宁攸凉，赵荣．自然保护区森林旅游对农户收入分配结构的影响——以我国5个国家级自然保护区周边社区474户农户为例［J］．世界林业研究，2019，32（05）：102－105.

［58］韩锋，赵铁蕊，赵荣．浙江省林权抵押贷款模式创新研究［J］．林业经济，2018，40（09）：27－30.

［59］韩永伟，高吉喜，李咏红，李辉．宁东能源化工基地规划生态环境影响评价研究［J］．环境与可持续发展，2008（01）：58－60.

［60］何津源，何君，宁哲．乡村振兴战略与林业经济发展研究——以辽宁省新宾县为例［J］．林业经济，2019，41（06）：117－122.

［61］何林荣，陈连荣，王光和，余国富，吴生法，吴泽良，张晓龙．武义县林下经济发展的调查与思考［J］．华东森林经理，2011，25（03）：29－32.

［62］贺爱琳，杨新军，陈佳，王子侨．乡村旅游发展对农户生计的影响——以秦岭北麓乡村旅游地为例［J］．经济地理，2014，34（12）：174－181.

［63］洪传春，刘某承，李文华．农林复合经营：中国生态农业发展的有效模式［J］．农村经济，2015（03）：37－41.

［64］洪晖．农户参与林下经济行为的影响因素分析［D］．北京林业大学，2017.

［65］胡坚强，姜辽，郑庆林，范轶琳．乡村休闲旅游技术创新研究——以浙江临安白沙村为例［J］．浙江树人大学学报（人文社会科学版），2010，10（01）：46－50＋62.

［66］胡新艳，陈小知，米运生．农地整合确权政策对农业规模经营发展的

影响评估——来自准自然实验的证据［J］. 中国农村经济，2018（12）：83－102.

［67］黄艳葵. 生态旅游利益相关者共同治理的问题分析与对策［J］. 经济研究参考，2016（41）：97－100.

［68］纪浩，魏建良. 乡村振兴背景下农业科技创新资源配置效率研究——以浙江省为例［J］. 科技促进发展，2020，16（08）：892－900.

［69］姜钰，贺雪涛. 基于系统动力学的林下经济可持续发展战略仿真分析［J］. 中国软科学，2014（01）：105－114.

［70］柯水发，严如贺，乔丹. 林地适应性经营的成本效益分析——以筠连县春风村林下种植中草药为例［J］. 农林经济管理学报，2018，17（02）：169－176.

［71］雷硕，赵正，杨洁，温亚利. 农户参与生态旅游的能源碳排放测算及影响因素研究——基于大熊猫国家公园试点调查数据［J］. 生态经济，2020，36（05）：122－127.

［72］李哥，李美燕，夏堙湄，徐湘鸿. 四川省林下经济发展对策研究［J］. 中国林业经济，2022（05）：82－86.

［73］李婧妍，姜洋，赵雪廷. 天保工程后黑龙江国有林区绿色就业规模影响因素分析［J］. 中国林业经济，2022（01）：29－33.

［74］李茂兰. 重庆发展林下经济促进农民增收初探［J］. 中国畜禽种业，2010，6（07）：37－38.

［75］李娅，陈波. 我国林下经济发展主要模式探析［J］. 中国林业经济，2013（03）：36－38.

［76］李柱存. 云南省林下经济发展现状及建议［J］. 林业调查规划，2021，46（03）：148－151.

［77］梁梦丹. 基于联合分析法的消费者乡村旅游偏好研究［J］. 中国集体经济，2022（20）：69－73.

［78］廖灵芝，李显华. 林下经济发展的制约因素及对策建议——基于云南省大关县的调查［J］. 中国林业经济，2012（01）：10－12.

［79］廖正武，廖婧琳. 贵州省平坝县森林单位面积蓄积量影响因素分析

[J]. 林业实用技术, 2014 (09): 65 - 68.

[80] 林辉煌. 林权改革与乡村振兴——对40年来集体林权制度改革的反思 [J]. 北京工业大学学报 (社会科学版), 2018, 18 (06): 12 - 20.

[81] 刘朝阳, 柳小慧. 土地财政的货币效应: 理论机制、经验证据与政策含义——基于地级市面板数据的PVAR模型分析 [J]. 财政研究, 2021 (11): 45 - 58.

[82] 刘佳鑫, 李莎. "双循环" 背景下数字金融发展与区域创新水平提升 [J]. 经济问题, 2021 (06): 24 - 32.

[83] 刘文安, 鲁桂花. 做强林下经济 拓宽增收渠道 [J]. 河南农业, 2008 (19): 53.

[84] 刘彦, 郑策, 张旭, 凌立莹, 苌群红. 我国茸鹿养殖现状与发展对策研究 [J]. 中国畜牧杂志, 2011, 47 (12): 18 - 21.

[85] 刘艳丽. 农村一二三产业融合发展模式分析 [J]. 南方农业, 2018, 12 (31): 62 - 65.

[86] 陆爱弟. 以 "两山" 理念推进乡村振兴绿色发展的意义与路径 [J]. 农家参谋, 2020 (06): 242.

[87] 马奔, 刘凌宇, 秦青, 温亚利. 自然保护区周边农户家庭收入影响因素分析——以四川大熊猫自然保护区为例 [J]. 林业经济问题, 2017, 37 (02): 45 - 50 + 104.

[88] 梅燕, 蒋雨清. 乡村振兴背景下农村电商产业集聚与区域经济协同发展机制——基于产业集群生命周期理论的多案例研究 [J]. 中国农村经济, 2020 (06): 56 - 74.

[89] 苗婷婷, 吴中能, 于一苏, 刘俊龙, 孙慧, 杨传宝. 安徽省杨树主要复合经营模式调查和综合效益分析 [J]. 江西农业学报, 2018, 30 (07): 129 - 133.

[90] 裴晓玉, 祖彤. 培育新型农业经营主体促全面乡村振兴 [J]. 智慧农业导刊, 2022, 2 (14): 138 - 140.

[91] 彭斌, 刘俊昌. 基于DEA模型的广西林下经济发展效率研究 [J]. 广西民族大学学报 (哲学社会科学版), 2014, 36 (01): 168 - 172.

[92] 蒲文彬，冯晖．乡村振兴背景下贵州省林下经济高质量发展路径研究［J］．生产力研究，2022（07）：45－49＋161．

[93] 齐子豪，李标．全球化背景下中国潜在经济增长的影响因素与趋势再估计［J］．工业技术经济，2020，39（10）：90－99．

[94] 秦静，丁文广．自然保护区林缘社区森林依赖度分析与研究——以白水江国家级自然保护区为例［J］．林业资源管理，2007（04）：43－48．

[95] 邱守明，聂铭，朱永杰．生态旅游发展如何影响农户收入——云南省国家公园的实证分析［J］．农村经济，2017（07）：57－63．

[96] 邱晓明．浅析林下养殖土鸡的经济优势［J］．北京农业，2011（36）：72－73．

[97] 沈宁，徐秀英．家庭禀赋对山区农户林业相关生计策略的影响研究［J］．林业经济问题，2020，40（01）：105－112．

[98] 石舜芝．黔西县退耕还林林下种养殖模式探讨［J］．农家参谋，2018（23）：95．

[99] 苏玉贞．新时期广东省林下经济发展现状与对策分析［J］．中南林业调查规划，2021，40（01）：14－18．

[100] 孙田田．贵州省从江县林粮共作模式可持续性分析［J］．北京农业，2012（33）：100．

[101] 覃方铭，马月伟，贾子薇，叶文．夹金山脉大熊猫栖息地遗产旅游可持续发展评价［J］．地域研究与开发，2019，38（03）：89－94．

[102] 唐夫凯，齐丹卉，卢琦，杨文斌，周金星．中国西北地区农林复合经营的保护与发展［J］．自然资源学报，2016，31（09）：1429－1439．

[103] 田淑英，李瑶，董玮，秦国伟．我国林业生态经济的内涵演进、发展路径与实践模式探究［J］．林业经济，2017，39（08）：71－76．

[104] 帖卫国．基于林业病虫害防治技术与方法分析［J］．花卉，2020（08）：266－267．

[105] 铁铮．林草中药材产业发展吹响号角［J］．绿色中国，2022（10）：20－27．

[106] 汪成，高红贵．粮食安全背景下农业生态安全与绿色发展——以

湖北省为例［J］. 生态经济，2017，33（04）：107－109＋114.

［107］王昌海. 农户生态保护态度：新发现与政策启示［J］. 管理世界，2014（11）：70－79.

［108］王焕良，王月华，谷振宾. 做好林下经济发展这篇大文章——山东省林下经济发展调研报告［J］. 林业经济，2011（01）：30－35.

［109］王晶. 泾县林下经济产业发展现状及对策［J］. 现代农业科技，2022（18）：95－98.

［110］王明章，高振泉，徐可玲. 浅议林下养殖土鸡的经济优势［J］. 中国畜禽种业，2013，9（12）：125－126.

［111］王胜利. 绿色畜牧养殖技术推广与应用［J］. 畜牧兽医科学（电子版），2019（18）：84－85.

［112］王艳发. 林下养殖土鸡的经济优势分析［J］. 农业与技术，2017，37（16）：106＋108.

［113］王玉芳，曹娟娟. 大小兴安岭林区社会经济转型发展与生态建设耦合协调度研究［J］. 林业经济问题，2017，37（06）：1－6＋97.

［114］王彧彧，董佳蕊，官子辉. 通辽市红薯种植气候资源分析［J］. 现代农业科技，2022（17）：177－179＋182.

［115］王振海，高文彬，李龙. 自然保护区的林业资源保护利用及可持续发展对策［J］. 中国林副特产，2019（01）：93－94.

［116］王紫恒，王见. 云南省农户开展林下经济经营行为及影响因素研究［J］. 中国林业经济，2019（02）：73－76＋81.

［117］王宗星，冯博杰，高智慧，高立旦，虞木奎. 关于林下经济发展的探讨［J］. 浙江农业科学，2013（04）：389－393.

［118］吴迪. 黑龙江省林业产业发展现状与对策研究［J］. 学理论，2018（08）：105－106.

［119］吴恒，朱丽艳，王海亮，郭小阳，张锋，孙昌平. 新时期林下经济的内涵和发展模式思考［J］. 林业经济，2019，41（07）：78－81.

［120］吴群芳，周雪娟. 雷公山自然保护区生态旅游发展潜力研究［J］. 农民致富之友，2018（23）：229.

[121] 吴伟光，沈月琴，顾蕾，徐秀英，李兰英，周国模．制度创新和森林生态旅游价值的实现 [J]．浙江林学院学报，2001 (03)：94－98.

[122] 谢德斌，杨洋．林下经济的经营模式与发展对策 [J]．湖南林业科技，2013，40 (04)：86－88.

[123] 徐荣林，吴昱芳，石金莲．基于旅游感知视角的居民主观福祉影响因素研究——以九寨沟国家级自然保护区为例 [J]．南京工业大学学报(社会科学版)，2017，16 (04)：104－114.

[124] 许辉霖，陈裕德．林业发展助推乡村振兴的实践意义与发展措施——以福建省为例 [J]．福建农业科技，2018，340 (12)：46－48.

[125] 许扬．隆德县退耕还林工程林药间作模式研究 [J]．现代农业科技，2014 (04)：181－182.

[126] 杨慧敏．我国农村地区生态旅游与经济发展有效融合研究 [J]．农业经济，2018 (02)：25－27.

[127] 杨明月，戴学锋．乡村振兴视域下全域旅游促进共同富裕研究 [J/OL]．当代经济管理：1－8 [2023－01－18].

[128] 杨万里，梁忠厚，舒荣，黄军霖，杨怀湘，冯娜，肖峥．怀化市深化集体林业综合改革实践与创新探讨 [J]．湖南生态科学学报，2020，7 (02)：38－45.

[129] 杨新忠，易长权．公安县林渔复合经营模式经济效益研究 [J]．湖北林业科技，2013，42 (06)：32－35.

[130] 杨芷晴．教育如何影响农业绿色生产率——基于我国农村不同教育形式的实证分析 [J]．中国软科学，2019 (08)：52－65.

[131] 杨智强．静宁县牛产业发展中存在的问题及对策建议 [J]．甘肃畜牧兽医，2018，48 (04)：31－32＋42.

[132] 杨忠兴．农林复合经营在云南省退耕还林工程中的应用 [J]．林业调查规划，2008 (04)：120－124.

[133] 杨忠兴．农林复合经营在云南省退耕还林工程中的应用 [J]．林业调查规划，2008 (04)：120－124.

[134] 杨子江，王玲玲，刘某承，李文华．林渔复合经营产业支撑精准

扶贫的调查分析——以皖南地区溪池型林渔复合经营为例［J］. 西南林业大学学报（社会科学），2017，1（02）：32－37.

［135］姚海琴，朋文欢，黄祖辉. 家庭型乡村旅游发展对农户收入的影响机制及效果——以浙江、四川和湖南三省为例［J］. 经济地理，2016，36（11）：169－176.

［136］叶红权，熊树仁，罗阳富. 林下经济产业发展新途径——珙县山地生态鸡成为林农增收新门路［J］. 四川林业科技，2012，33（03）：70－71.

［137］叶尚宇. 当前林业产业多元开发的路径［J］. 江西农业，2019（02）：96.

［138］于斐. 高质量林下经济的发展现状与潜力［J］. 2021.

［139］占金刚. 发展林下经济的经济学解释［J］. 生态经济，2014，30（08）：89－91.

［140］张东升，于小飞. 基于生态经济学的林下经济探究［J］. 林产工业，2011，38（03）：50－52.

［141］张光元. 云南林下经济的发展现状及建议［J］. 林业建设，2013（02）：7－11.

［142］张国祯，王小平. 北京市新型集体林场试点建设现状及对策分析［J］. 北京农业职业学院学报，2021，35（04）：51－57.

［143］张海鹏，郜亮亮，闫坤. 乡村振兴战略思想的理论渊源、主要创新和实现路径［J］. 中国农村经济，2018（11）：2－16.

［144］张守攻，王登举. 林业在乡村振兴中的作用不可替代［J］. 中国农村科技，2018（04）：18－21.

［145］张卫. 跟随时间的脚步 回望2019年食品行业点滴变化（上篇）［J］. 中国食品，2019（24）：11－63＋10.

［146］张馨予，张雅馨，刘松，王乔，王思思，谢屹. 集体林业综合改革试验示范区建设成效及对策研究：以北京市房山区为例［J］. 北京林业大学学报（社会科学版），2020，19（03）：38－43.

［147］张旭锐，高建中. 集体林区农户生计资本对其收入的影响研究——

基于公益林和商品林农户的实证对比［J］. 干旱区资源与环境，2020，34（06）：35－41.

［148］张毅，张秀媚．集体林改中林业金融贷款制度改革探析——以福建省武平县和永安市为例［J］. 台湾农业探索，2019（01）：31－35.

［149］赵瑾璟，汪海燕，张红霄，何文剑．林禽养殖能否实现农户增收与生态保护？——基于江苏省21个林禽养殖农户案例［J］. 中国林业经济，2018（05）：121－126.

［150］赵瑾璟．林下经济对农户收入和森林资源的影响研究［D］. 南京林业大学，2019.

［151］赵斯．东北黑土区农林复合土壤理化性质研究［D］. 东北林业大学，2010.

［152］支玲，高晶，支明，刘燕．林下经济发展政府行动与天保区农户响应［J］. 林业经济，2019，41（03）：108－118.

［153］支玲，高晶，支明，刘燕．林下经济发展政府行动与天保区农户响应［J］. 林业经济，2019，41（03）：108－118.

［154］钟宝群，陈军．瑞金市林下经济发展模式与保障措施［J］. 现代农业科技，2018（18）：158＋160.

［155］周杨，何军红，荣浩．我国乡村旅游中的游客满意度评估及影响因素分析［J］. 经济管理，2016，38（07）：156－166.

［156］周杨，苗雨露，孙志蓉．我国林药林菌经济模式发展现状及其优势分析［J］. 中国现代中药，2016，18（01）：97－101.

［157］朱洪革，张少鹏，胡琴心．全面停伐政策对国有林区居民家庭收入的影响［J］. 林业经济问题，2019，39（05）：457－464.

［158］朱玲，周玉新，唐罗忠，童婷婷．我国林农复合经营模式及其综合评价方法［J］. 南京林业大学学报（自然科学版），2015，39（04）：149－156.

［159］朱培林，房海灵．中国林下经济发展现状与对策［J］. 江西林业科技，2014，42（06）：35－39＋60.

［160］朱淑华，温德华，赖仲蓉，黄红兰．江西林药精准扶贫发展现状、存在问题和对策建议——以赣州9个贫困县区为例［J］. 林业经济问题，

2018，38（01）：48－54＋106.

［161］朱万春. 乡村生态旅游与林下经济的融合研究［J］. 农业经济，2017（06）：52－53.

［162］邹辉. 辽东绿色经济区建设中丹东市绿色农业发展优势及对策［J］. 农业经济，2022（05）：15－16.